Renzo Rosal

# Guatemala: fragilidad política incesante

Renzo Rosal

# Guatemala: fragilidad política incesante

Dictus Publishing

**Impressum / Aviso legal**
Bibliografische Information der Deutschen Nationalbibliothek: Die Deutsche Nationalbibliothek verzeichnet diese Publikation in der Deutschen Nationalbibliografie; detaillierte bibliografische Daten sind im Internet über http://dnb.d-nb.de abrufbar.


Información bibliográfica de la Deutsche Nationalbibliothek: La Deutsche Nationalbibliothek clasifica esta publicación en la Deutsche Nationalbibliografie; los datos bibliográficos detallados están disponibles en internet en http://dnb.d-nb.de.


Coverbild / Imagen de portada: www.ingimage.com

Verlag / Editorial:
Dictus Publishing
ist ein Imprint der / es una marca de
OmniScriptum GmbH & Co. KG
Heinrich-Böcking-Str. 6-8, 66121 Saarbrücken, Deutschland / Alemania
Email / Correo Electrónico: info@dictus-publishing.eu

Herstellung: siehe letzte Seite /
Publicado en: consulte la última página
**ISBN: 978-3-8473-8756-5**

# Guatemala: fragilidad política incesante

**Autor:**

**Renzo Lautaro Rosal.** Politólogo con especialización en Sociología Política. Tiene una Maestría en Relaciones Internacionales (FLACSO/Universidad Rafael Landívar). Actualmente, Director de Incidencia Pública de la Universidad Rafael Landívar. Presidente del Consejo Editorial del periódico digital Plaza Pública. Columnista en el periódico Prensa Libre. Investigador de procesos electorales y políticas públicas. Analista político. Consultor internacional en descentralización y fortalecimiento de gobiernos locales. Funcionario público en varias administraciones de gobierno, habiendo sido Subsecretario Ejecutivo de la Presidencia, responsable del proceso de descentralización. Docente universitario.
**Correo electrónico**: renzolautaro.rosal@gmail.com

# Índice

## Índice de cuadros

**Resumen**

En los últimos cuatro años, la democracia guatemalteca ha experimentado procesos que ponen en riesgo mayor el limitado margen de gobernabilidad provocado de la última década. Ese período refiere la segunda parte del gobierno presidido por el Ing. Álvaro Colom y los primeros casi dos años de la actual gestión gubernamental, presidida por el General Otto Pérez Molina. La expectativa inicial del primer gobierno, de supuesta orientación socialdemócrata, se debilitó rápidamente. Los programas sociales, inicialmente la punta de lanza de su gestión, dieron paso a su uso clientelar. El interés de la ex primera dama en participar en las elecciones de finales de 2011 y el posterior "divorcio presidencial" supuso un mayor grado de desgaste y pérdida de credibilidad del gobierno. El adelanto del proceso electoral, la debilidad del Tribunal Supremo Electoral TSE, la continuidad del frágil sistema de partidos políticos, el excesivo y opaco financiamiento privado electoral vinculado, en gran parte, al crimen organizado, generaron un proceso electoral paradigmático. Las opciones partidarias representaron un espectro reducido, conservador y dominado por opciones autoritarias. A nivel económico, a pesar que el país no estuvo afectado por los efectos de la crisis económica mundial, el debilitamiento en el manejo de las finanzas públicas, el aumento de la deuda pública a niveles nunca antes conocidos y las consecuencias de la serie de desastres naturales ocurridos anualmente como consecuencia del cambio climático, generaron un escenario complejo con serias consecuencias para los siguientes gobiernos. Los niveles de criminalidad y violencia se mantuvieron altos, solo por debajo de Honduras y el Salvador. La presencia de las redes del crimen organizado y en particular del narcotráfico, se generalizaron por todo el país. Las elecciones 2011 se desarrollaron en un clima de debilidad de la institucionalidad electoral, altos niveles de violencia electoral y una lucha entre carteles por el control territorial, destacando el avance de los Zetas.

Guatemala experimenta un proceso de cambio político, etapa de transición democrática que no se consolida por la sobrevivencia de factores autoritarios que conviven con reglas democráticas, dando como resultado una aparente estabilidad, donde el control político transita de actores tradicionales (partidos políticos, empresariado) a nuevos actores emergentes. Sus anclajes en las estructuras del poder, desde lo local hasta lo nacional, y la acumulación capitalista que combina recursos ilegales con operaciones al amparo de un estado de derecho endeble y el aumento de la riqueza por la vía de los negocios con el Estado, crea un escenario de permanente confrontación, que no se percibe en la superficie pero si en ámbitos específicos que vulneran los derechos vitales de las personas, usa el miedo como recurso para la inacción colectiva y controla las instituciones públicas.

El ensayo "Guatemala: escenarios de fragilidad política", pretende dar énfasis a los principales hechos que expresan las crisis políticas recurrentes, así como las tendencias, actores y escenarios que determinarán el futuro mediato del país.

## Período 2010-2011

### 1. Coyuntura económica

En el período 2010-2011, la actividad económica mostró algunos signos de recuperación, después de los años 2008 y 2009, caracterizados por la desaceleración de la economía mundial que impactó medianamente en la economía nacional. Los flujos de exportaciones aumentaron en forma permanente. De US$ 6,025.3 millones en 2006, a US$ 8,466.2 millones en 2010. Esa cifra representó un aumento del 17.4 respecto al 2009, donde se registraron ingresos por US$ 7,213 millones. Para 2011, se proyectó un crecimiento total de las exportaciones entre 13.7% y 15.4%.

Los fenómenos climáticos de 2010 generaron efectos adversos en rubros como camarón, pescado, langosta (-25.6%), vegetales (-13.75%) y frutas (-1.6%), madera y manufacturas (-11.6%). Hubo daños a la infraestructura productiva como consecuencia de la erupción del volcán de Pacaya, la tormenta Ágata, y el invierno irregular. La CEPAL calculó los daños en US$ 1,553 millones, unos Q 12,424 millones.

Las importaciones 2010 alcanzaron los US$ 13,836 millardos, comparado con los US$ 11,500 millardos de 2009 (aumento del 20%). El déficit comercial fue de US$ 5,370 millardos (en 2009 fue US$ 4,317.6 millardos). Para 2011, las importaciones aumentaron 14%, ascendiendo a US$ 14,260 millardos. [1]

La deuda pública aumentó en forma alarmante. En 2009 fue de Q. 26,209.9 millones, mientras en 2010 fue de Q. 36,769.2 millones. Entre 2010 y 2011 la deuda pública creció como consecuencia de la disminución de los ingresos del Estado, la no aprobación de la reforma fiscal, y el incremento sostenido del gasto público. En 2010 el ritmo inflacionario fue de 5.39 (el más bajo desde el 2000, con excepción del 2009 donde fue de -0.28).

En 2009 el Producto Interno Bruto nacional (PIB) creció solamente 0.5% en 2009, a causa de los efectos de la crisis económica internacional. En 2010 el crecimiento fue de 2.6%, ligeramente superior a la proyección de 2.4%, del FMI.[2]

En 2010 el déficit fiscal creció respecto al 2009 (3.0), ascendiendo a 3.4% del PIB. La carga tributaria en 2009 fue de 10.4, y en 2010 de 10.5[3]. Esos porcentajes son inferiores al 13 %, considerado en los Acuerdos de Paz como el mínimo deseable.

Las finanzas públicas en 2010 estuvieron marcadas por: a) trabajar con un presupuesto público que se venía arrastrando de un año previo y que no obedecía

[1] http://www.banguat.gob.gt/estaeco/boletin/
[2] Banco de Guatemala. Informe de indicadores macroeconómicos 2010. Enero 2011. Guatemala.
[3] Banco de Guatemala. Informe de indicadores macroeconómicos 2010. Enero 2011. Guatemala.

a la realidad económica del momento; b) mayor endeudamiento; c) fenómenos naturales (tormenta Ágata, erupción del Volcán de Pacaya y el copioso invierno) que presionaron al alza el gasto público; d) cambios de ministro responsable de la cartera, que afectó la percepción sobre manejo de la política fiscal de los agentes económicos.

**Cuadro 1**
**Algunos indicadores económicos**

| Rubro | 2010 | 2011 |
|---|---|---|
| Ranking de competitividad (posición) | 78 | 84 |
| Índice Doing Business (posición / total países analizados) | 100/183 | 101 / 183 |
| Inversión extranjera directa (US$ millones) | 805.8 | 686 |
| Ingreso de turistas (millones) | 1.9 | 1.8 |
| Ingreso de divisas por turismo (US$ millones) | 985.6 | 937.2 |

**Fuente:** elaboración propia con base en datos del Foro Económico de Competitividad 2010.

En 2010 Guatemala mejoró su posición en el ranking de competitividad del Foro Económico Mundial donde, pese a encontrarse en una de las posiciones más bajas a nivel latinoamericano, ha tenido buen desempeño en los últimos años. Esa mejoría no fue sostenible, ya que en 2011 retornó a la posición de 2008; motivado por la inestabilidad del proceso electoral. En el índice Doing Business del Banco Mundial, se ha tenido un desempeño positivo en forma constante,[4] pasando de la posición 116 (2008) a la 101, en 2011.

La inversión extranjera mostró cierto retroceso. Las políticas de promoción de nuevas operaciones fueron desfavorecidas por la situación de inseguridad y los débiles incentivos para mejorar el clima de negocios. Disminuyó la inversión en 2011, afectada por el retiro de empresas de capital extranjero, especialmente del sector de la maquila de prendas vestir.

En 2010 se experimentó una cifra histórica de turistas, alcanzando casi los dos millones de visitas. Para 2011, disminuyó en 10%, por los hechos de violencia que afectaron a turistas y las advertencias de gobiernos, como Estados Unidos, que restringió los flujos tradicionales y motivó el descenso del ingreso de divisas, de US$ 1,321.7 millones en 2008, a US$ 937.2 en 2011.[5]

[4] Gobierno de la República (SEGEPLAN). Informe del Gobierno de Alvaro Colom, IV Informe del Presidente al Congreso de la República 2012.
[5] Gobierno de la República (SEGEPLAN). Informe del Gobierno de Alvaro Colom, IV Informe del Presidente al Congreso de la República 2012.

## 2. Coyuntura social

La coyuntura social fue dominada por dos problemas fundamentales: los persistentes niveles de pobreza e inequidad y los altos niveles de violencia y criminalidad.

### 2.1 Pobreza y desigualdad que no ceden

Aumentaron los programas y recursos públicos para la atención focalizada de las poblaciones en condiciones de pobreza y pobreza extrema, pero está lejos que la estructura económica advierta cambios profundos, estables y reorientadores de la situación de exclusión en que están sumidas poblaciones, especialmente del área rural. El gobierno de Álvaro Colom implementó los programas de cohesión social. El programa "Transferencias Monetarias Condicionadas" fue el más importante, siendo ejecutado en 307 municipios.[6]

**Cuadro 2**
**Indicadores de pobreza, 2011**

| Pobreza Total | Pobreza | Pobreza extrema |
|---|---|---|
| 51.01% | 35.80% | 15.21 |

**Fuente:** elaboración propia, con datos del Instituto Nacional de Estadística INE.

La población entre 15 y 29 años de edad, es uno de los segmentos más vulnerables a la pobreza, en especial, de las comunidades rurales y lejanas a los centros urbanos, fue beneficiada por el avance de las capacidades educativas pero no en cuanto a posibilidades de empleo digno. La Encuesta Nacional de Juventud ENJU 2011, reveló que 7 de cada 10 jóvenes solo han concluido la educación básica (9 años de estudio). El 5.1% de los jóvenes tiene estudios universitarios, y solo el 0.1 cuenta con postgrado[7].

Los avances de la gratuidad de los servicios públicos de salud, influyeron en la disminución de los casos de mortalidad infantil y materna. A pesar de ello, fueron evidentes las insuficiencias en materia de infraestructura hospitalaria, de recursos humanos, equipos y medicinas.

En educación, la tasa neta de matriculación mostró cierto avance en 2010, comparación con el año previo. En 2011 hubo cierta disminución ocasionada por

[6] Gobierno de la República (SEGEPLAN). Informe del Gobierno de Alvaro Colom, IV Informe del Presidente al Congreso de la República 2012.
[7] Gobierno de la República. Encuesta Nacional de Juventud, octubre de 2011.

la inconsistencia del año escolar, las huelgas del sector magisterial y el proceso electoral.

## 2.2 Inseguridad y violencia generalizadas

En el período 2010 y 2011, Guatemala se ubicó como uno de los países latinoamericanos con mayor tasa de homicidios por cada cien mil habitantes. Después de Honduras y El Salvador que ocupan el primer y segundo lugar, el país se ubica en el cuarto lugar en América Latina, solo superado por Venezuela[8]. En 2011 hubo cierta disminución, pero no la necesaria para dejar ese puesto.

**Cuadro 3**

| Países Latinoamericanos con tasas más elevadas de homicidios 2010-2011 (40/100,000 habitantes o más) | | |
|---|---|---|
| País | Homicidios /100,000 hab. 2010 | Homicidios /100,000 hab. 2011 |
| Honduras | 82.1 | 86.0 |
| El Salvador | 66.0 | 66.0 |
| Venezuela | 48.0 | 48.0 |
| Guatemala | 41.4 | 38.6 |
| Colombia | 33.4 | 32 |

**Fuente:** Elaboración propia, con base en Crimen y Violencia en Centro América, un Desafío para el Desarrollo, BID, 2011.

Guatemala es el país de la región con mayores pérdidas económicas, como consecuencia de la violencia (cuadro 4).

**Cuadro 4**

| Costos económicos de la violencia en Centroamérica 2010 | | |
|---|---|---|
| País | Millones US$ | %PIB |
| Guatemala | 289 | 1.43% |
| El Salvador | 271 | 1.99% |
| Honduras | 61 | 1.31% |
| Nicaragua | 38 | 0.96% |
| Costa Rica | 96 | 0.58% |

Fuente: Elaboración propia, con base en Crimen y Violencia en Centro América, un Desafío para el Desarrollo, BID, 2011.

[8] Banco Interamericano de Desarrollo. Crimen y Violencia en Centro América, un Desafío para el Desarrollo, 2011.

La situación alarmante de la violencia fue resultado de la presencia y alta movilidad de las redes de criminalidad, especialmente del narcotráfico. Guatemala ha sido lugar clave para la logística y distribución de la droga, pero se han iniciado actividades de negociación y fabricación de drogas sintéticas. La cercanía geográfica del principal destino mundial de las drogas (EE.UU), sumada a la debilidad y cooptación de las instituciones gubernamentales, favoreció un entorno favorable al desplazamiento sin control de los grupos locales, aliados a los carteles mexicanos. La lucha por el control territorial, que inició en las zonas fronterizas con México y Belice, se desplazó al interior del país y las fronteras con El Salvador y Honduras. La capacidad de desplazamiento, contracción y mutación de estas redes criminales en operaciones aparentemente legales superó las limitadas capacidades de las fuerzas de seguridad, civiles y militares. Se incrementó la actividad de los carteles mexicanos, producto de las acciones del gobierno mexicano y sus propias "necesidades" de expansión, aseguramiento de territorios y búsqueda de aliados en Centroamérica.

Las redes criminales crearon importantes alianzas con las pandillas juveniles o *maras*. Guatemala desplazó a El Salvador, siendo el segundo país en Centroamérica con mayor número de maras y el segundo en número de miembros, por detrás de Honduras (cuadro 5).

**Cuadro 5**

| Cálculo de afiliación a maras, por país (2011) | | |
|---|---|---|
| País | Miembros de mara | No. de maras |
| Honduras | 36,000 | 112 |
| Guatemala | 14,000 | 434 |
| El Salvador | 10,500 | 4 |
| Nicaragua | 4,500 | 268 |
| Costa Rica | 2,660 | 6 |
| Panamá | 1,385 | 94 |

**Fuente:** Comisión de Jefes de Policía de Centroamérica y el Caribe. Documento del Banco Mundial: Crimen y Violencia en Centro América, un Desafío para el Desarrollo, 2011.

El 2010 concluyó como descenso en el número de muertes e incremento en la brutalidad y saña de los hechos de violencia. 2011 se caracterizó por mantener esa constante y el aumento de las extorsiones[9].

[9] Gobierno de la República (SEGEPLAN). Informe del Gobierno de Alvaro Colom, IV Informe del Presidente al Congreso de la República 2012.

Cuadro 6
Comparación de tasa de homicidios, 2000-11

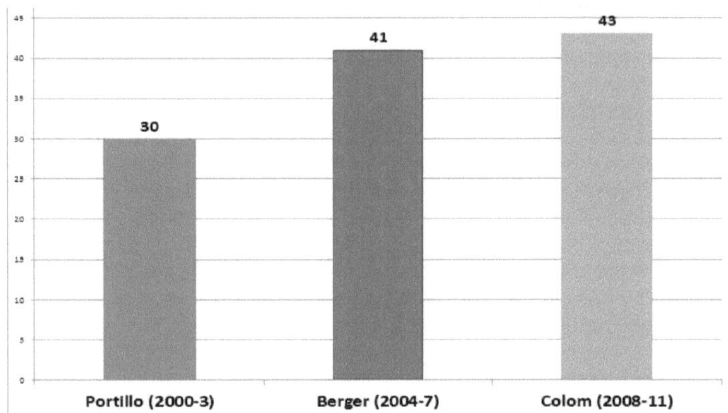


**Fuente:** Carlos Mendoza, CABI, 2012.

La Comisión Internacional contra la Impunidad en Guatemala (CICIG), inició en 2007 y renovó a pedido del Estado de Guatemala una nueva ampliación para 2009-2011. En septiembre 2010, el Presidente Colom solicitó una ampliación para el período 2011-2013. El actual Presidente, que tomó posesión en enero 2012, declaró su intención de solicitar a Naciones Unidos un nuevo período de dos años. La Comisión es un órgano independiente de apoyo a Ministerio Publico, la Policía Nacional Civil y otras instituciones del Estado en la investigación de un número limitado de casos delicados y difíciles, con la intención de probar el funcionamiento de cuerpos ilegales de seguridad y aparatos clandestinos de seguridad y efectuar el desmantelamiento de estos grupos.[10]

## 3. La mitad del mandato, se aceleraron los escenarios de fragilidad

Los años 2010 y 2011 conformaron la segunda mitad del mandato de Álvaro Colom como Presidente de la República. Al deterioro tradicional que se ha observado en la segunda parte de todas los gobiernos de la era democrática (a partir de 1986), se agregaron factores especiales que aceleraron esa caída; como el llamado Caso Rosenberg.[11]

[10] Naciones Unidas. Acuerdo entre la Organización de las Naciones Unidas y el Gobierno de Guatemala relativo al establecimiento de una Comisión Internacional contra la Impunidad en Guatemala (CICIG), Nueva York, Estados Unidos, diciembre de 2006.

## 3.1 2010, un año violento

Enero inició con un incremento de la criminalidad, con el asesinato de pilotos y ayudantes de buses de rutas urbanas y extraurbanas. En 2009 fallecieron 120 pilotos. Las extorsiones que se han generalizado, especialmente en las áreas urbanas dando como resultado el abandono de colonias de la periferia citadina, cierre de negocios, asesinato de quienes se negaron o retrasaron los pagos a las bandas criminales, integrados por miembros de pandillas (maras); donde también estuvieron implicados propietarios de buses, choferes, ayudantes y criminales que operan desde las cárceles.

Se fortalecieron las acciones gubernamentales para encarcelar a cabecillas nacionales del narcotráfico. El incremento de las acciones de los Zetas procedentes de México, su objetivo de forzar a alianzas para ampliar su cobertura en Guatemala y países vecinos (El Salvador y Honduras), los enfrentamientos con narcos locales fueron algunas de las situaciones que incrementaron la persecución apoyada por el gobierno de Estados Unidos. De esa cuenta, en enero se anunció que uno de sus objetivos es la familia Lorenzana; lográndose la captura de dos de sus miembros a finales de 2011.

### El caso Rosenberg y la CICIG[12]

A inicios de ese año, la Comisión Internacional contra la Impunidad en Guatemala, CICIG informó que el abogado planeó su propia muerte. Informó que los dos empresarios Valdés Paíz (primos del asesinado) pagaron a unos sicarios para que lo mataran, sin saber que se trataba de su familiar. Con esta información se exculpó al gobierno. La conclusión de la CICIG, fue que Rosenberg planificó su inmolación, simulando que era contra un extorsionista que quería matarlo. "El que dio la instrucciones (de su asesinato) fue el mismo Rosenberg", enfatizó el jefe de la CICIG. Esa Comisión jugó un papel no solo investigar y llegar a esas conclusiones, sino para contener el proceso de ingobernabilidad y sacar a flote la gestión del Presidente Colom. En julio, los hermanos Valdés Paíz, supuestos autores del asesinato, se entregaron a la justicia.

### El caso Portillo

Un hecho histórico fue la captura de Expresidente Alfonso Portillo, señalado de varios delitos ocurridos durante su mandato (1998-2002), en especial, haber triangulado en su favor recursos públicos y donaciones provenientes de Taiwán. El

[12] El abogado Rodrigo Rosenberg fue asesinado el 10 de mayo de 2009 en la zona 14 de la ciudad capital, mientras paseaba en una bicicleta. Para consumar el hecho, pidió ayuda a sus primos y empresarios de apellidos Valdés Paíz. En una grabación hecha pública al día siguiente, el abogado Rosemberg señaló como responsable de su muerte al Presidente Colom, lo cual ocasionó una situación de extrema inestabilidad que puso en riesgo la continuidad de su mandato.

caso no tiene precedente en la historia política de Guatemala, al ser el primer mandatario conducido a la justicia. El caso se ha retrasado por las acciones de sus defensores y la lentitud del sistema de justicia. En marzo se autorizó su extradición a Estados Unidos, aunque primero debe afrontar un proceso de peculado en Guatemala.

Un paso positivo de la administración del Presidente Colom fue el inicio de la reforma policial. Se nombró a la activista de derechos humanos Helen Mack como responsable del proceso.

## Enmendar un craso error

El Congreso de la República convocó a la elección del Fiscal General, proceso que se convertiría en una elección compleja, donde intervinieron sectores sociales para promover la repetición de la elección, a partir de los graves señalamientos contra quien fue inicialmente electo. Nuevamente el Ejecutivo fue sometido a desgaste y, la CICIG contribuyó a la estabilización de la situación. En mayo, la comisión de postulación establecida por Ley, ratificó la nómina de candidatos a Fiscal General. El Presidente Colom juramentó a Conrado Arnulfo Reyes Sagastume como Fiscal General y Jefe del Ministerio Público. En plena crisis, renunció Carlos Castresana, Comisionado de la CICIG, quien denunció una campaña de desprestigio en su contra y exigió la destitución del recién nombrado Fiscal General, argumentando su vinculación con el crimen organizado[13]. La Corte de Constitucionalidad ordenó repetir la elección. El nuevo proceso dio como resultado la elección de Claudia Paz (diciembre 2010), con lo que finalizó la crisis. En julio la ONU nombró al ExFiscal General de Costa Rica, Francisco Dall´Anesse Ruiz, nuevo comisionado de la CICIG.

## Evidencias de la cooptación institucional

Como muestra de la cooptación de las instituciones públicas por parte de las redes criminales, especialmente del narcotráfico, se hizo pública la sustracción de armas y municiones de bodegas del ejército, que estarían en poder de los Zetas. Esa institución negó los señalamientos, pero las evidencias fueron concluyentes.

Los Organismos Ejecutivo y Legislativo, como parte de la estrategia para oxigenar y recobrar la credibilidad a partir de los últimos sucesos, establecieron un proceso de diálogo nacional para impulsar proyectos de leyes, entre las que se encuentra la de empresas privadas de seguridad, extinción de dominio, alianzas público-privadas, y desarrollo rural. Con excepción de la última, las leyes fueron aprobadas en 2011.

[13] Guatemala Visible, monitoreo de medios, 2010.

Desde 2009 sectores de sociedad civil y partidos políticos mostraron dudas sobre el manejo político y financiero de los programas de cohesión social. Una de las consecuencias de esos señalamientos fue la resolución de la Corte de Constitucionalidad, que ordenó la destitución del Ministro de Educación por no entregar los datos del Programa Mi Familia Progresa, pese a una orden judicial que le obligaba. A lo largo del mandado del Presidente Colom otros ministros fueron destituidos por señalamientos de corrupción. La alta rotación en el Gabinete fue uno de los signos que contribuyeron al deterioro de la administración pública.

## Llamados de atención

El apoyo del gobierno de Estados Unidos se ha focalizado en varios frentes, siendo uno de ellos la lucha contra el narcotráfico. En marzo se recibió la visita de la Secretaria de Estado, Hillary Clinton, a quien los Presidentes de Centroamérica solicitaron mayor apoyo para combatir el narcotráfico y la inseguridad. En septiembre se conoció un informe del Instituto de Estudios Estratégicos del Pentágono de Estados Unidos, donde advierte que Guatemala podría convertirse en un narco-Estado debido a la actividad de narcotraficantes mexicanos que han traspasado las fronteras. En contraste, la institucionalidad responsable de esos frentes (Ministerio de Gobernación), continuó enfrentando serios problemas, especialmente por la vinculación de oficiales y agentes con redes criminales, actos de corrupción y acciones de limpieza social.

## Ambiente preelectoral hostil

La violencia preelectoral fue un signo distintivo del proceso que culminó con las elecciones generales realizadas en septiembre y noviembre de 2011. Se agregó el proceso de desgaste mutuo entre el partido oficial, Unidad Nacional de la Esperanza UNE y los partidos de oposición, liderados por el Partido Patriota PP con el objetivo de sacar de la jugada a la Precandidata oficial, Sandra Torres. Esa tendencia se incrementó en el segundo semestre de 2010 y en los meses previos a las elecciones. Los programas sociales coordinados por esa figura representaron el objetivo político. En contraposición, el gobierno puso en marcha una estrategia para desacreditar a antiguos miembros del ejército por su vinculación con violaciones a los derechos humanos ocurridos durante el conflicto armado interno.

La debilidad del Tribunal Supremo Electoral fue la principal característica del período pre y electoral. Fue evidente el desgaste institucional provocado por la politización del tribunal, la centralización y dificultades para tomar decisiones[14]. La anticipación de la campaña fue consecuencia de ese deterioro institucional. Todos

[14] Universidad Rafael Landívar. Programa de Opinión Pública POP. Informes de la misión de observación electoral 2011.

los partidos desoyeron los llamados de tribunal, sociedad civil y medios de comunicación y con más de un año adelantaron sus campañas electorales. Las acciones del TSE por impedir esa anticipación fueron infructuosas. Ese proceso tuvo otro ingrediente especial: se llevó a cabo con dos documentos de identidad (cédula de vecindad y documento personal de identificación DPI), lo que complicó la operatividad.

El deterioro de las finanzas públicas se agravó. La emisión de bonos fue una de las estrategias del gobierno central para financiar el gasto público, en particular, para hacer frente a las demandas crecientes de los programas sociales, utilizados como herramienta básica electoral. En mayo se aprobó la emisión de bonos del tesoro por casi US$ 600 millones aunque los funcionarios aseguraban que esos recursos eran insuficientes. La aprobación de una reforma tributaria se hizo necesaria, la cual se concretó en enero de 2012 aunque no en la dimensión y con los alcances necesarios para sacar a flote las malogradas finanzas públicas.

Las alianzas electorales comenzaron a concretarse desde mayo, en especial, en apoyo a la candidatura de la candidata oficialista. De esa cuenta, la UNE, la Gran Alianza Nacional (GANA) y el Frente Republicano Guatemalteco (FRG) oficializaron su alianza; siendo la primera ocasión en la historia donde partidos que han obtenido la Presidencia de la República en forma sucesiva y que fueron rivales políticos, se unen tras un único objetivo. [15]

## Cambio climático y nuevos escenarios de conflictividad

Los efectos del cambio climático acecharon al país. A finales de 2011, en la Cumbre Mundial del Cambio Climático, Guatemala fue declarada como el segundo país en el mundo con mayor propensión a esos efectos[16]. El período de invierno (mayo a octubre) ocasionó desastres naturales de gran magnitud. En 2010, el Congreso de la República decretó Estado de Calamidad Pública tras la erupción del Volcán de Pacaya y la tormenta Ágatha, que ocasionó la muerte de 172 personas. De acuerdo con el Presidente Colom, el costo de la reconstrucción superó los US$ 120 millones.

La explotación de los recursos naturales (extractivas y proyectos hidroeléctricos) promovidos en los dos últimos gobiernos, fue sujeta a amplio debate. Desde 2005 se han realizado consultas comunitarias, cuyos resultados aunque no son vinculantes, indican que las comunidades están en contra de esas actividades. En junio, el Gobierno anunció que cumplirá con las medidas cautelares recomendadas por la Comisión Interamericana de Derechos Humanos (CIDH), que suspendieron los trabajos de la mina Marlín, para proteger las comunidades

---

[15] FRG gobernó entre 1998 y 2002, la GANA entre 2003 y 2007 y la UNE de 2007 a 2011, llevando a la Presidencia a Alfonso Portillo, Oscar Berger y Alvaro Colom, respectivamente.

[16] Naciones Unidas, Informe de la Décimo séptima conferencia de las Naciones Unidas sobre cambio climático (CP 17), Durban, Sudáfrica, 2011.

de los municipios de Sipacapa y San Miguel Ixtahuacán, Departamento de San Marcos, donde opera la mina[17]. En 2011, en el marco de una negociación cuestionada, las partes negociaron el cierre de ese caso; por lo que la empresa implicada continúo operaciones. En julio, el Presidente de la República prorrogó por 15 años el contrato con la empresa Perenco, para extracción de petróleo, pesar de la oposición de grupos de ambientalistas.

**Pérdida de credibilidad**

Los medios de comunicación aumentaron sus críticas a la gestión del Presidente Colom, quien denunció que ello era parte de un plan para desestabilizar su gobierno. Según mediciones de popularidad, su gobierno contaba con la aprobación de 46.2% de los guatemaltecos, mientras el 53% calificó negativamente su desempeño. El 46.1% consideró que el principal problema del país es la delincuencia. El Gobierno denunció la existencia de un supuesto plan de desestabilización, que buscaría dar un "golpe de mercado" para desplazar a las autoridades gubernamentales. En julio, el G4, integrado por la Procuraduría de los Derechos Humanos, las iglesias católica y evangélica y la Universidad San Carlos de Guatemala, criticó la falta de cumplimiento del Acuerdo Nacional para el Avance en Seguridad y Justicia, mientras la violencia se recrudecía. La Convocatoria Ciudadana, que agrupó a más de 50 organizaciones sociales, hizo un llamado para que los tres organismos del Estado emprendieran combate frontal a la inseguridad, impunidad y desigualdad. La Oficina del Alto Comisionado de las Naciones Unidas demandó acciones firmes para detener la inseguridad, como parte de una política integral de Estado. Según cifras del Instituto Nacional de Ciencias Forenses, durante el primer semestre del 2010 murieron de forma violenta 3,235 personas, mientras el ministro de Gobernación aseguró que no contaba con recursos para hacer frente a la delincuencia y la criminalidad. En noviembre, el Presidente Colom vetó el Decreto 37-2010, Ley del Indulto presidencial, que permitía la aplicación de la pena de muerte y restituye el recurso de gracia para los condenados.

Como una nueva acción para ganar credibilidad y detener el desgaste, en agosto fueron enviados a prisión exfuncionarios del gobierno presidido por Oscar Berger acusados por supuesta participación en ejecuciones extrajudiciales, narcotráfico, lavado de dinero, secuestros y extorsiones, entre otros delitos cometidos entre 2005 y 2007.[18]

El Congreso de la República mostró pocos avances en la agenda legislativa. Las acciones de las bancadas de oposición (especialmente del Partido Patriota)

[17] Comisión Interamericana de Derechos Humanos. Informe de medidas cautelares. Mayo de 2010.

[18] Se detuvo al ex director del Sistema Penitenciario, Alejandro Giammattei y el ex jefe del Servicio de Investigación Criminal, Víctor Soto, y se ordenó la captura del ex ministro de Gobernación, Carlos Vielmann y del ex director de la PNC, Edwin Sperisen.

obstaculizan el avance. El transfuguismo y las prácticas clientelares estuvieron a la orden del día.

En octubre, se condenó a 40 años de prisión a dos ex integrantes de la Policía Nacional por la desaparición y muerte del líder estudiantil y sindical Fernando García (esposo de la actual diputada Nineth Montenegro). El gobierno insistió en la persecución de quienes estuvieron implicados en la violación de los derechos humanos durante el conflicto (exmilitares), lo cual reabrió un amplio debate ya que otros sectores sindicaron a ex miembros de la guerrilla.

El Índice de Percepción de Corrupción (IPC) 2010, elaborado por Transparencia Internacional, señaló que Guatemala pasó de una calificación regular (3.4 puntos obtenidos en el 2009) a una mala (3.2 puntos); situándose en la posición 91 de los 178 países evaluados[19]. En el Índice de Desarrollo Humano 2010, Guatemala ocupó el puesto 116 entre las 169 naciones evaluadas, con un IDH de 0,56; solo por delante de Haití en América.[20]

En el marco del proceso preelectoral, se abre un nuevo debate sobre la posibilidad que exmandatarios participen como candidatos a la Presidencia. El alcalde de la ciudad capital y Expresidente Álvaro Arzú anuncia su intención de participar. Meses después la Corte de Constitucionalidad, en el marco de la prohibición constitucional, pone fin a esa posibilidad.

## 4. Coyuntura política 2011, entre elecciones y acumulación de carencias

### 4.1 Pacto no escrito para precipitar la campaña

El año se caracterizó por el proceso electoral al centro de la agenda, el aumento de las acciones en favor y en contra de la candidatura de Sandra Torres, el aumento de las actividades criminales, el deterioro de la institucionalidad electoral, la desatención a lo establecido en la Ley Electoral y de Partidos Políticos y la designación de los nuevos magistrados de la Corte de Constitucionalidad.

La primera encuesta de intención electoral del año, colocó al precandidato Pérez Molina (Partido Patriota PP) al frente con 42%, seguido por Sandra Torres (Unidad Nacional de la Esperanza UNE) con 11 % y Álvaro Arzú (Partido Unionista PU) con 6.7%[21]. El Programa Mi Familia Progresa (MIFAPRO) fue bien evaluado, con 68% de aceptación. A iniciativa del Tribunal Supremo electoral, los partidos políticos suscribieron el Pacto Ético Político de cara al proceso electoral, documento ampliamente violentado por todas las organizaciones en los siguientes meses. Ese mismo tribunal reformó el reglamento de la Ley Electoral y de Partidos

[19] Trasparencia Internacional. Índice de Percepción de Corrupción (IPC) 2010.
[20] Programas de las Naciones Unidas para el Desarrollo. Informe de Desarrollo Humano, Guatemala, 2011.
[21] El Periódico. Encuesta de intención de voto presidencial. Febrero, 2011.

Políticos para aclarar la diferencia entre propaganda y proselitismo. Las elecciones generales de final de año fueron las más alteradas en cuando a adelanto, montos y fuentes del financiamiento privado (el techo del financiamiento privado fue situado en US$ 5 millones, pero en la práctica esa cantidad fue sobrepasada por casi todos los partidos).

Entre enero y febrero se anunciaron las primeras candidaturas a la Presidencia y Vicepresidencia. El Partido Patriota anunció a Otto Pérez Molina y Roxana Baldetti, ambos provenientes fundadores del partido. La Unión del Cambio Nacionalista (UCN) proclamó las candidaturas de Mario Estrada y Mauricio Urruela; el primero, secretario general del partido, amigo cercano y funcionario durante el gobierno de Alfonso Portillo (sindicado de actores de corrupción cuando desempeñó el cargo de Secretario de Desarrollo Social), señalado también de vínculos con redes criminales.

### La candidatura en entredicho

Un hecho sobresaliente fue el anuncio de Sandra Torres como precandidata del partido oficial UNE y su divorcio del Presidente Álvaro Colom, lo cual motivó profundas críticas de diversos sectores de la vida nacional, incluyendo colectivos de sociedad civil, partidos, empresarios, ex constitucionalistas, gremios de profesionales, medios de comunicación, entre otros. La utilización de la figura del divorcio para destrabar una prohibición constitucional y posibilitar la participación electoral fue una artimaña que afectó la credibilidad del gobierno, fortaleció a la oposición liderada por el Partido Patriota y desencadenó críticas de la cooperación internacional. La posibilidad electoral de la UNE se centró en la base de apoyo lograda con los programas sociales, los recursos públicos utilizados y la correlación de fuerzas que se preveía lograr en la elección de los Magistrados de la Corte de Constitucionalidad, institución que en última instancia tendría la decisión que facilitaría o impediría esa participación. Los resultados de esa elección no fueron los esperados por la UNE, pero a ello se sumó que cada magistrado decidió por su cuenta y no respondió a los intereses del partido elector. El TSE sancionó a la UNE por la proclamación de Sandra Torres, actuación que no pasó de lo formal. Su hermana, Gloria Torres, renunció de la UNE y criticó al liderazgo del partido. En junio, el Registro de Ciudadanos rechazó la inscripción de la candidatura de Sandra Torres, por incurrir en Fraude de Ley.[22]

---

[22] Fraude de ley: La Ley del Organismo Judicial, en el segundo párrafo del Artículo 4 define al fraude de ley como: "Los actos realizados al amparo del texto de una norma que persigan un resultado prohibido por el ordenamiento jurídico, o contrario a él, se considerarán ejecutados en fraude de ley y no impedirán la debida aplicación de la norma que se hubiere tratado de eludir".

Una nueva alianza se consumó. Los partidos VIVA y Encuentro por Guatemala EG anunciaron su participación conjunta. El primero intentó participar en las elecciones 2007, pero su inscripción fue tardía y por ello negada. Encuentro por Guatemala es liderado por Nineth Montenegro, antigua activista de Derechos Humanos, diputada desde hace tres legislaturas y comprometida con la causa de la transparencia.

## El rol de las instituciones académicas

En abril, las Universidades San Carlos de Guatemala, Rafael Landívar y la Asociación de Investigación y Estudios Sociales ASIES presentaron al Congreso de la República una propuesta para reformar la Constitución de la República en los artículos relacionados son seguridad y justicia[23]. La propuesta fue debatida en el seno del Organismo Legislativo, en espacios académicos y de la cooperación internacional. En 2012 se resolverá la viabilidad de la iniciativa.

Como un intento tardío del Congreso de la República, presentó a la Corte de Constitucionalidad una consulta para reformar la Ley Electoral. Desde 2008 se han presentado 17 iniciativas de reformas a ese marco legal. El proceso electoral impidió que la discusión continúe, relevando las posibilidades para la siguiente legislatura.

En abril, se presentó una nueva encuesta de intención electoral. Otto Pérez Molina (Partido Patriota PP) encabezó con 42%, Sandra Torres (Unidad Nacional de la Esperanza UNE) con 21% y Manuel Baldizón (Partido Líder) se ubicó tercero, con 3%[24].

## Convocatoria formal rebasada por los hechos

La convocatoria a elecciones generales fue realizada por el Tribunal Supremo Electoral el 2 de mayo. La primera vuelta se llevó a cabo el 11 de septiembre y la segunda (en caso de ser necesaria), fue programada para el 6 de noviembre. De esa forma, se abrió formalmente el proceso electoral aunque en la práctica todos los partidos llevaban más de un año de actividades. La UNE proclamó su binomio integrado por Sandra Torres y Roberto Díaz-Durán. El Partido Unionista oficializó la candidatura de Patricia de Arzú (esposa del alcalde capitalino y Expresidente Álvaro Arzú) y de Álvaro Rodas. El Partido Viva anunció a Harold Caballeros (pastor de una iglesia neo pentecostal y fundador de la Universidad San Pablo) y Efraín Medina (antiguo Rector de la Universidad estatal San Carlos). El partido CREO proclamó su binomio integrado por Eduardo Súger, rector de la Universidad Galileo y Laura Reyes (profesional indígena) y el Frente Amplio a Rigoberta

[23] USAC-URL-ASIES. Propuesta de Reforma Constitucional en Seguridad y Justicia, abril 2011.
[24] El Periódico. Encuesta de intención de voto presidencial, abril 2011.

Menchú (Premio Nobel de la Paz) y Aníbal García. En ninguna elección previa se había dado tanta participación de personas procedentes del sector académico.

## Avance del crimen organizado

En mayo, ocurrió una matanza de campesinos en el Departamento de Petén (el más grande y alejado de la capital, con una extensa frontera con Belice y México) donde fueron asesinados 27 jornaleros. El hecho fue atribuido a los Zetas; el Presidente Colom decretó Estado de Sitio en ese departamento. A pesar de los operativos, los responsables no fueron capturados. Los cuestionamientos sobre la efectividad del Estado de Sitio no se hicieron esperar.

El primer foro electoral abordó los planes de seguridad de los principales candidatos. Ese tema fue ampliamente abordado en el proceso, y convertido en la principal bandera de las ofertas electorales.

En junio, venció el plazo para empadronarse (tener derecho a votar). Se logró un aumento significativo de los ciudadanos aptos para votar (más de siete millones); por primera ocasión, las mujeres son más en el padrón electoral[25].

Las amenazas y hechos de violencia fueron una constante a lo largo del proceso electoral. En marzo, la Magistrada Presidenta del TSE anunció amenazas de muerte. En junio asesinaron a dos candidatos a la alcaldía de San José Pinula, municipio del Departamento de Guatemala. Por esos hechos es capturado y juzgado otro candidato a esa alcaldía. Candidatos a concejos municipales, coordinadores de campañas locales y activistas fueron las principales víctimas de la violencia electoral. Al mes de julio, no menos de 30 candidatos y familiares habían sido asesinados[26].

Las candidaturas cuestionadas de Sandra Torres y Harold Caballeros comenzaron a ser negadas por las instancias legales. El Registro de Ciudadanos rechazó ambas candidaturas. Los expedientes fueron trasladados al Tribunal Supremo Electoral y posteriormente a la Corte Suprema de Justicia, donde se ratificó la denegatoria. En agosto, la Corte de Constitucionalidad denegó en definitiva la inscripción de Sandra Torres, lo que despejó el proceso electoral a un mes de la primera vuelta electoral. Ese mes, la Corte Suprema de Justicia autorizó la inscripción de Harold Caballeros.[27]

En julio ocurrió el asesinato del reconocido músico Facundo Cabral, hecho que consternó en el ámbito nacional e internacional. Después de las primeras

[25] ASIES. Monografía: los Partidos Políticos Guatemaltecos en el proceso electoral. Julio, 2011.

[26] Universidad Rafael Landívar. Programa de Opinión Pública POP. Informes de la misión de observación electoral 2011.

[27] Universidad Rafael Landívar. Programa de Opinión Pública POP. Informes de la misión de observación electoral 2011.

investigaciones, se concluyó que quien conducía al cantautor hacia el aeropuerto La Aurora es un empresario con negocios de drogas y prostitución en países de Centroamérica. Era hacia él que se dirigía el ataque ordenado por otro empresario de origen costarricense.

La presencia de la CICIG fue un tema de amplio debate. Desde los sectores conservadores que debatieron la violación de soberanía, pasando por quienes defienden y forman parte de las redes criminales, hasta los que cuestionan sus limitados resultados. Durante 2011 se sumaron a las críticas el gremio de abogados y la Asociación de Jueces, este último molesta por el llamado a investigar a los jueces cuyas resoluciones han sido cuestionadas por su parcialidad en favor de grupos criminales.

**Por encima de las instituciones**

A mediados de 2011, el TSE arreció las denuncias en contra de los partidos que no informan sobre sus gastos de campaña, la superación del techo previsto, la debilidad de los controles de los partidos por registrar el origen de sus recursos y sus constantes negativas a transparentar lo relativo a sus financiamientos. En septiembre, el Tribunal sancionó al Partido Patriota por sobrepasar el techo de campaña.

En julio, la Comisionada Presidencial de la Reforma Policial, Helen Mack, señaló al Ministro de Gobernación, Carlos Menocal, por obstruir ese proceso de reforma; generando señalamientos mutuos que afectaron la continuidad de la iniciativa.

Otro acontecimiento que ensombreció fue la desaparición de Cristina Siekavizza y sus dos pequeños hijos en un condominio de la periferia capitalina. El caso de violencia intrafamiliar y secuestro sigue sin resolverse. El esposo (Roberto Barreda), principal sospechoso de los hechos, no ha sido capturado. La madre de éste (Beatriz de León), ex magistrada y ex presidenta de la Corte Suprema de Justicia fue señalada por tráfico de influencias y encubrimiento de su hijo.

En otro hecho relacionado con el conflicto armado interno, se condenaron a militares que participaron en la masacre de Las Dos Erres; lo cual dio como resultado reacciones de sectores pro militares quienes iniciaron procesos de enjuiciamiento contra ex militantes de la guerrilla por acciones similares.

Sectores sociales expresaron su preocupación por la judicialización de la política y expresaron su interés en promover reformas electorales profundas. Las elecciones dejaron ver las debilidades del sistema de partidos y del TSE.

Los femicidios se incrementaron. En septiembre, la Procuraduría de los Derechos Humanos informó que Izabal, Guatemala, Escuintla y Quetzaltenango fueron los departamentos con más hechos[28]. En ese mismo mes, domingo 11, se llevó a cabo la primera vuelta electoral. Otto Pérez Molina y Manuel Baldizón disputarían la segunda vuelta electoral. El primero no alcanzó el 40% de los votos que proyectaba y generó una expectativa de triunfalismo. El Partido Patriota (PP) logró la mayoría de diputaciones. El partido oficial, UNE en coalición con GANA obtuvo el segundo lugar en el número de diputaciones alcanzadas, resultado que no se esperaba. El partido VIVA informó que apoyaría al PP en segunda vuelta, pero su aliado en primera vuelta, Encuentro por Guatemala, no compartió esa decisión. El partido Líder oficializó una alianza de apoyo, integrada por: UNE, GANA, PAN, FRG, UCN, la candidata vicepresidencial de CREO y WINAQ.

**Cuadro 7**
**Transfuguismo acelerado en el Congreso de la República**

| Partido | No. de diputados (14 enero 2012) | No. de diputados (6 marzo 2012) |
|---|---|---|
| Patriota | 57 | 62 |
| UNE | 40 | 12 |
| UCN | 14 | 16 |
| LIDER | 14 | 23 |
| CREO | 12 | 11 |
| GANA | 8 | 8 |
| VIVA-EG | 6 | 6 |
| Frente Amplio (Winaq-URNG-ANN) | 2 | 2 |
| PAN | 2 | 2 |
| Unionista | 1 | 1 |
| FRG | 1 | 1 |
| VICTORIA | 1 | 1 |
| Bloque independiente bajo liderazgo Roberto Alejos | 0 | 13 |
| TOTAL: | 158 | 158 |

**Fuente:** elaboración propia, con base en datos del Tribunal Supremo Electoral.

Distribución de diputados por género:

- 138 diputados hombres y 20 mujeres (13% del total)
- 80 diputados son nuevos (51%) y 78 reelectos (49%)

En las elecciones generales participaron 19 de los 28 partidos políticos inscritos legalmente. De ellos, 6 no presentaron candidatos para binomio presidencial. Tres de los partidos tienen una antigüedad mayor a diez años, nueve tienen entre 3 y 9

[28] Procuraduría de los Derechos Humanos. Informe sobre femicidios. Septiembre de 2011.

años de creación y 6 tienen dos años o menos. Estos datos constatan la alta fragmentación y volatilidad del sistema de partidos políticos, caracterizado por su multipartidismo extremo. Participaron 10 binomios presidenciales (8 en forma independiente y dos por coaliciones). Cuatro de los partidos participantes ejercieron el gobierno central: PAN, FRG, GANA y UNE[29].

## Elecciones paradigmáticas

Durante las elecciones se generaron más de 70 disturbios en elecciones municipales. Esos hechos se dieron en municipios donde los alcaldes buscaban la reelección. Ello motivó la repetición de elecciones en 4 municipios y en uno más (Tectitán), por empate en el primer lugar. Álvaro Arzú es reelecto alcalde de la Ciudad de Guatemala.[30]

A pesar de las campañas y procesos de formación, las mujeres indígenas perdieron espacios en puestos de elección. El TSE fue criticado por la lentitud en la transmisión de los resultados, dificultades en la mecánica del voto, debilidad en la capacitación de las juntas receptoras de votos y problemas en la compatibilidad del padrón electoral. Las misiones de Observación Electoral informaron sobre problemas en los comicios: acarreo, problemas en realizar la observación, amenazas a observadores, problemas de documentación, inexperiencia de las juntas receptoras. Se criticó a las encuestadoras por fallar en sus estudios de intención. Juntas Electorales Municipales renunciaron por amenazas. Se generaron tensiones entre los magistrados del TSE, creando un ambiente complicado para la segunda vuelta. La primera encuesta presentó a Pérez Molina en ventaja sobre Baldizón. Los dos candidatos finalistas participaron en un debate televisado, caracterizado por los señalamientos fuertes y la falta de contenido en sus propuestas. Trece integrantes del Comité Ejecutivo Nacional de la UNE renunciaron. El Auditor del TSE solicitó la suspensión del Partido Patriota, por rebasar los gastos de campaña.

**Cuadro 8**
**Resultados elección presidencial (primera vuelta)**

| Candidato y partido | No. de votos | Porcentaje |
|---|---|---|
| Otto Pérez Molina, Patriota * | 1.597,937 | 36.10% |
| Manuel Baldizón, Líder * | 1.004,215 | 22.70% |
| Eduardo Suger, CREO | 735,728 | 16.6% |
| Mario Estrada, UCN | 385,932 | 8.7% |
| Harold Caballeros, VIVA-EG | 276,192 | 6.2% |

29 ASIES. Proceso electoral 2011, información y datos básicos. Septiembre 2011.

30 Universidad Rafael Landívar. Programa de Opinión Pública POP. Informes de la misión de observación electoral 2011.

| Rigoberta Menchú, WINAQ-URNG-ANN | 142,599 | 3.2% |
|---|---|---|
| Juan Gutiérrez; PAN | 121,964 | 2.8% |
| Patricia de Arzú, Unionista | 96,870 | 2.2% |
| Alejandro Giammatei, CASA | 46,655 | 1.1% |
| Adela de Torrebiarte, ADN | 18,779 | 0.4% |

**Fuente:** elaboración propia, con base en datos del Tribunal Supremo Electoral.

Un hecho significativo fue la elección de Guatemala, con el voto de 191 representantes, como miembro No Permanente del Consejo de Seguridad de las Naciones Unidas.

Días previos a la segunda vuelta electoral, se informó que más de 10 alcaldes fueron electos pese a tener juicios por cuentas pendientes. El General Otto Pérez Molina fue electo con el 53% de los votos válidos. Roxana Baldetti es electa la primera Vicepresidente de Guatemala en su historia. Poco tiempo después, se inició el proceso de transición bajo la coordinación de Eduardo Stein, ExVicepresidente de la República. Como un hecho positivo, el Presidente electo anunció con prontitud los nombres de su gabinete. Se ratificó a la Fiscal General ante rumores de su destitución. Ante la pérdida de espacio y credibilidad del Presidente Colom, el Presidente electo asumió protagonismo, generando acercamientos con diversos sectores e impulsando la transición.

**Cuadro 9**
**Resultados elección presidencial (segunda vuelta)**

| Candidato y partido | No. de votos | Porcentaje |
|---|---|---|
| Otto Pérez Molina, Patriota | 2.300.979 | 53.74 % |
| Manuel Baldizón, Líder | 1.981.003 | 46.26 % |

**Fuente:** elaboración propia, con base en datos del Tribunal Supremo Electoral.

El resquebrajamiento de la UNE se aceleró. Diputados reelectos renunciaron al partido, creando un grupo bajo el liderazgo de Roberto Alejos, quien presidió el Congreso de la República durante los 3 años anteriores.

El año cerró con otro escándalo. Cristha Torres, sobrina de Sandra Torres, fue capturada por acusaciones de lavado de dinero y estafa.

En los últimos días de diciembre, veteranos del ejército y viudas de militares presentaron denuncias contra ex miembros de la guerrilla, por muertes de sus familiares, secuestros y asesinatos de embajadores en la época del conflicto armado.

## 5. Síntesis. Una democracia con funcionalidad artificial

La realidad observada en relación al comportamiento de la democracia durante 2010 y 2011, evidenció una situación crítica en términos de gobernabilidad, debilitamiento del ejercicio de ciudadanía y fragilidad de la institucionalidad. Una discusión planteada con fuerza fue si Guatemala se concibe como Estado fallido, narco-estado, o Estado con serios problemas de gobernabilidad.

Guatemala no es un narco-estado, aunque ha estado cerca de serlo. El país está sometido a amenazas crecientes, pero aún no se cruza la frontera en la medida que es un territorio bajo asedio, en disputa entre carteles locales asociados con carteles mexicanos. Hay problemas de corrupción y cuestionamientos de la institucionalidad, pero aún no hay cooptación total. Se implementaron, parcialmente, políticas de combate a las redes criminales con algunos resultados (captura de importantes líderes de grupos locales, lugartenientes y operadores de campo).

La principal amenaza al Estado democrático, radica en que el objetivo constante de narcos y otras redes criminales (traficantes de armas, de mujeres, de niños; contrabandistas, roba vehículos, defraudadores del fisco, entre otras) consiste en hacer fracasar sus funciones fundamentales (seguridad, sistema de justicia, institucionalidad, desarrollo económico, control de los partidos políticos, afectación de los servicios, pérdida de confianza ciudadana, debilitamiento de la imagen internacional). Buscar la inviabilidad, el estancamiento de iniciativas, la desesperación, la pérdida de esperanza son objetivos de esos grupos; cuya percepción se ve favorecida en la medida que los niveles de criminalidad se agravan, sumado a la falta de políticas para la generación de ingresos.

Son preocupantes los niveles de cooptación de las instituciones públicas. A todo nivel, desde las altas esferas de los poderes del Estado, pasando por los concejos municipales e instituciones autónomas y descentralizadas. En las pasadas elecciones, se percibieron los niveles de infiltración. Se movilizó más de US$ 80 millones, monto que no tiene explicación solo con los capitales nacionales y legales. Campañas de candidatos a alcaldes y diputados fueron financiadas por capitales provenientes de actores ilegales.

También preocupan los avances para legitimar la presencia y actuación de las redes criminales. Esa estrategia crece en la medida que la presencia del Estado en los territorios no solo es escasa, sino gradualmente en abandono. En las zonas donde la precariedad es común, los narcos y sus redes han sabido moverse con total libertad; además, y en especial, en el caso de los narcos locales, provienen y han vivido siempre en esas localidades estableciendo lazos de relacionamiento cercanos y de dependencia mutua (las comunidades los necesitan para seguridad, generadores de empleo y otorgamiento constante de ayudas, y los narcos para control territorial, seguridad personal, mano de obra, servicios de inteligencia local, etc.). La pobreza ha sido el principal motivo de esas relaciones "perversas".

## Guatemala 2012-13, recambio político y conflictividad endémica

### 1. Temas claves de la realidad nacional y su impacto político

#### Cronología de eventos claves

El año 2012 dio inicio con un nuevo gobierno, encabezado por el Presidente Otto Pérez Molina, propuesto por el Partido Patriota. Su propuesta electoral, denominada Agenda del Cambio, destaca tres pactos, a manera de direccionadores del nuevo equipo de gobierno: i) Pacto de Seguridad, Justicia y Paz, ii) Pacto Hambre Cero; iii) Pacto Fiscal[31]

#### 1.1 Política social

La coyuntura social fue determinada por la puesta en marcha del Pacto Hambre Cero y los Programas Sociales; estos últimos continuidad de las iniciativas desarrolladas por el gobierno anterior. El nuevo gobierno priorizó dos características: 1) institucionalización de los programas, 2) impulso de mecanismos para la transparencia.

Aprovechando la correlación favorable en el Congreso de la República, donde la bancada del nuevo partido oficial era la mayoritaria, pocas semanas después de la toma de posesión el Ejecutivo presentó la propuesta para institucionalizar los programas sociales que la gestión anterior se agrupaban en el Consejo de Cohesión Social. De esa cuenta, se creó el Ministerio de Desarrollo Social (Mides), cuyo inicio de operaciones solo fue posible en el segundo semestre. En materia de transparencia, el primer desafío consistió en la depuración de los listados de beneficiarios. A partir de junio, el estrenado ministerio absorbió cuatro de los anteriores programas: Mi Bono Seguro, Bolsa Segura, Mi Comedor Seguro, Beca, y Jóvenes Protagonistas. Los dos primeros programas, son complemento importante del Pacto Hambre Cero, en el que participan (con recursos y acciones específicas) nueve ministerios, cuatro secretarías y otras dependencias.

Los objetivos del Pacto Hambre Cero Combatir el hambre y promover la seguridad alimentaria y nutricional en los 166 municipios priorizados; reducir en 10%, la prevalencia de desnutrición crónica en la niñez menor de 3 años; prevenir y reducir la mortalidad en la niñez menor de 5 años relacionada con la desnutrición aguda; y contribuir en la prevención y atención a la emergencia alimentaria y nutricional[32]. El pacto propone articular los esfuerzos, planes y proyectos que se realizan en materia de seguridad alimentaria y nutricional por parte de la

---

[31] Agenda del Cambio, propuesta política del Partido Patriota, 2010.

[32] Secretaría de Planificación y Programación de ls Presidencia SEGEPLAN. "Pacto Hambre Cero, retos para Guatemala". 2012.

institucionalidad pública, con especial énfasis en las capacidades que tienen los gobiernos locales.

El año 2012 cerró con la primera fase de institucionalización de los programas sociales, la creación del MIDES y las primeras acciones para mejorar su transparencia. A nivel sustantivo, los resultados aún muestran poco desarrollo y débiles mecanismos de coordinación con los entes rectores de las políticas sociales.

## 1.2 Crisis y conflictividad social

### Educación

Ante la serie de descontentos sociales, la medida más utilizada por el gobierno, ha sido intentar mecanismos de diálogo para "cortar" las movilizaciones. Poco se ha hecho en dar respuesta a las problemáticas de fondo. Desde las movilizaciones realizadas por el sindicato de maestros, el diálogo quedó abierto y dirigentes del magisterio señalan que a partir de las negociaciones se formaron cuatro mesas de trabajo. El magisterio participó en la elaboración de la propuesta, "Ley de Incentivos a la Carrera Docente"[33], que viene a complementar la propuesta de Formación Inicial Docente.

Sin embargo, el anuncio de la propuesta de reforma a la carrera docente realizada por el Ministerio de Educación, la cual plantea una reforma al pensum de estudios y alargar la carrera de 3 a 5 años, no fue bien recibida por los estudiantes. La falta de un debate sobre las debilidades de la propuesta del MINEDUC, y el deseo de imponerla apresuradamente, hicieron que el movimiento iniciara con suspensión de clases y tomas de edificios de las normales. La falta de socialización de la propuesta derivó en enfrentamiento entre estudiantes y autoridades educativas, al punto que la discordia derivó en acciones violentas. El año cerró con acciones legales interpuestas por la Asociación de Colegios Privados ante la CSJ y posteriormente rechazadas por la Corte de Constitucionalidad.

### Salud

Durante su primera semana de ejercicio, el gobierno decretó Estado de Calamidad en el área de salud[34]. El Sindicato Nacional de Trabajadores de Salud de Guatemala (SNTSG) y el Gobierno firmaron un acuerdo, por el cual los trabajadores recibirían un bono por antigüedad. Ese acuerdo no fue cumplido en los plazos establecidos, los trabajadores anunciaron acciones de hecho; en abril

[33] Ministerio de Educación. Iniciativa de Ley de Incentivos a la Carrera Docente. 2006.
[34] Programa de Opinión Pública. Informe del Primer Año de Gobierno de Otto Pérez Molina, Universidad Rafael Landívar, enero 2013.

los Ministros de salud y trabajo acordaron con los dirigentes sindicales que el bono se pagaría a finales de mayo. Las protestas se dejaron sin efecto.

La situación en el sector estatal de salud es extremadamente compleja. Las carencias en los hospitales y centros asistenciales son permanentes, y el gobierno no hace más que remiendos temporales que no brindan soluciones claras. La situación puede estallar en cualquier momento, y de alguna manera, el gobierno ha logrado evitar o posponer esa explosión.

### 1.3 Seguridad y justicia

La otra iniciativa impulsada fuertemente desde el inicio del gobierno, es el Pacto por la Seguridad, Justicia y Paz, que intenta responder a la principal bandera electoral del Presidente Pérez Molina.

En 2011, la tasa de homicidios en Guatemala fue de 38.61 por cada 100 mil habitantes[35]. En 2012 disminuyó a 32 por cada 100 mil habitantes[36]. Sin embargo, los desafíos continúan siendo enormes. Guatemala continúa siendo de los países con mayores niveles de violencia del mundo en tiempos de paz.

**Cuadro 10**
**Tasa anual de homicidios por cada 100 mil habitantes**

**Fuente:** Central American Business Intelligence (CABI)

[35] Ministerio de Gobernación. Enero 2012.
[36] Policía Nacional Civil, Ministerio de Gobernación. Enero 2013.

El Plan del Presidente Pérez Molina planteó la creación de las Fuerzas de Tarea Interinstitucionales, catalogado como "plan emergente de seguridad ciudadana", las cuales fueron parte de las primeras medidas que llevó a cabo la Presidencia. Las Fuerzas de Tarea fueron lanzadas en el mes de enero, dos días después la toma de posesión, divididas en 5 temas principales: sicariato, secuestros, extorsiones, femicidios, robos y asaltos.

El Pacto por la Seguridad, la Justicia y la Paz[37], fue presentado en mayo y tiene como fin desarrollar una estrategia cooperativa que incorpore y corresponsabilice a todos los sectores sociales e instituciones del Estado, a fin de legitimar y viabilizar transformaciones y resultados de impacto que permitan alcanzar mejores niveles de gobernabilidad, seguridad y protección frente a la criminalidad, la violencia y la impunidad. Dentro de sus avances está la creación del Gabinete Específico por la Seguridad, la Justicia y la Paz, que tiene a su cargo la propuesta y coordinación de planes, políticas públicas, programas y proyectos para alcanzar mayores niveles de gobernabilidad y seguridad.

En el ámbito normativo e institucional, uno de los avances fue la ratificación del Estado guatemalteco a la Corte Penal Internacional (CPI)[38]. El Congreso ratificó el Estatuto de Roma (1998) para adherirse a la Corte Penal Internacional. Se admite que la CPI pueda juzgar delitos de lesa humanidad.

**Cuadro 11**
**Conflictos claves, 2012**

| Hecho | Fecha |
|---|---|
| **Conflicto en el Triángulo Ixil, Quiché:** amenaza de represión contra campesinos de comunidades del Quiché que mantienen largo conflicto con la familia Brol y la multinacional italiana Enel, que construye la hidroeléctrica Palo Viejo. | 14 de febrero |
| **Marcha por la Resistencia, la Dignidad, en Defensa de la Tierra y el Territorio: se** exige respeto de los territorios y la madre naturaleza en las localidades donde hay empresas mineras, petroleras, hidroeléctricas, construcción de megaproyectos y monocultivos, reclamando también el cese de la persecución contra líderes de comunidades, condonación de los préstamos otorgados por el Fondo de Tierras y aprobación de la Ley de Desarrollo Rural Integral. | 19 de marzo |
| **Santa Cruz Barillas, Huehuetenango:** La comunidad tiene conflictos con la empresa Hidro Santa Cruz S. A., desde 2007, cuando se realizó una consulta popular que rechazó la hidroeléctrica. El asesinato de un líder comunitario causó indignación, que llevó a la comunidad enardecida a tomar el destacamento militar de la zona. Como reacción, el Gobierno decretó Estado de Sitio. Pese a los intentos de retomar el dialogo, en diciembre varios pobladores tomaron el salón municipal como medida de oposición. Continúan las tensiones y enfrentamientos | 1 de mayo |
| **San José del Golfo y San Pedro Ayampuc, Guatemala:** resistencia pacífica en el lugar conocido como *La Puya. P*ersonas que viven en inmediaciones al proyecto minero "Progreso VII Derivada" bloquearon el ingreso de maquinaria para la extracción de oro y plata, para salvaguardar los medios de sobrevivencia de la | 13 de junio |

[37] Ministerio de Gobernación. Pacto de Seguridad, Justicia y la Paz. Marzo, 2012.
[38] Congreso de la República. Decreto No. 03-2012. Enero 2012.

| comunidad. En diciembre, se dieron hechos de intimidación hacia la población, donde la Policía Nacional Civil desalojó de manera violenta a pobladores. No se ha logrado entablar una mesa de diálogo. | |
|---|---|
| **Instalación de destacamentos militares: e**n el caso de la base militar en San Juan Sacatepéquez, la medida responde a los conflictos generados entre pobladores y la empresa Cementos Progreso. La base fue inaugurada el 30 de junio, siendo rechazada por una masiva manifestación. El mismo día se inauguró otra en Petén. Otras bases militares fueron o serán instaladas en San Marcos, Quiché, Alta Verapaz e Izabal. | 30 de junio |
| **Alaska, Totonicapán:** miembros de comunidades indígenas de los 48 cantones de Totonicapán participaron en protestas, produciendo un bloqueo en cinco puntos de las carreteras que comunican con los demás departamentos de la cabecera de Totonicapán. En la carretera Interamericana alrededor de 70 miembros del ejército llegaron al lugar donde se encontraban los protestantes, quienes empezaron a disparar sin ninguna orden. Son asesinadas siete personas. | 4 de Octubre |

**Fuente**: elaboración propia.

En 2012 la presencia del narcotráfico se intensificó en Centroamérica. Los decomisos, incluso apoyados por operativos del gobierno de Estados Unidos, solo lograron la captura de 85 toneladas, de las 900 que se mueven anualmente a través de la región[39]. De ellas, solo 3.5 corresponden a Guatemala, cifra muy por debajo de lo logrado en el resto de países, solo superando a El Salvador.

Aumentó la captura de importantes narcotraficantes locales, lo cual permitió que los territorios sean dominados por los carteles mexicanos, principalmente los Zetas y del Pacífico (alianza entre el de Sinaloa y del Golfo) que expandieron sus operaciones asociados con narcotraficantes locales. Guatemala y Honduras, son los dos principales puntos de tráfico. El país ha pasado de ser un lugar de tráfico de drogas, a un centro logístico donde incluso se elaboran drogas sintéticas como anfetaminas.

Según el informe 2012 de la UNODC, Centroamérica, sin conflicto bélico, es la región más violenta del mundo, producto del narcotráfico en alianza con las pandillas.

## 1.4 Coyuntura económica

El año 2012 fue dominado por la lógica de mayores presiones sobre los recursos naturales. Los escenarios de conflictividad a nivel local y las dinámicas sociales de las comunidades que más relación tienen con la explotación de los recursos se modificaron continuamente; dando lugar, en muchos casos, a proceso de resistencia pacífica, e incluso a acciones donde el recurso armado, las extorsiones y amenazas, el contubernio de las fuerzas de seguridad y el uso de ejércitos privados fueron herramientas que abonaron en favor de la confrontación permanente.

[39] Oficina de las Naciones Unidas contra la Droga y el Delito UNODC. Informe 2012.

Centroamérica se debate en un modelo de desarrollo económico basado en la explotación de los recursos naturales bajo regímenes extractivos. Si bien la historia de la región, como la de casi toda Latinoamérica responde a ese modelo, el presente es más descarnado, evidente y complaciente desde los gobiernos hacia los actores productivos, nacionales y extranjeros. El modelo actual está modificando las dinámicas del capital y del propio modelo empresarial. En la práctica, termina siendo una de las pocas actividades productivas, que además de generar importantes ganancias, contribuya a contrarrestar el notable avance de los empresarios emergentes; especialmente, de aquellos cuyas fuentes de riqueza provienen de las redes criminales, entre ellas, el narcotráfico.

El modelo de crecimiento acelerado, aunque incipiente en sus dinámicas, marca pautas con dureza por las maneras como se imponen a las resistencias de las comunidades (especialmente indígenas), manipulan a las comunidades, plantean falsas consideraciones acerca de los beneficios que se percibirán, generan un tipo de empleo que contraviene la legislación laboral nacional y los acuerdos internacionales.

La historia de Guatemala solo puede entenderse desde los procesos de acumulación del capital, donde el binomio territorio-comunidades rurales resulta esencial. Esa relación, marcada con nuevos ingredientes, continúa vigente y se fortalece con la nueva vigencia del régimen extractivo en las que se conjugan dinámicas globales con los procesos de acumulación basados en la modificación de las realidades locales.

Cada uno de los procesos de explotación de los recursos naturales (hidroeléctricas, minería e hidrocarburos) traduce en sus dinámicas las características centrales del modelo extractivo: desterritorizalización, reterritorialización, uso y control del territorio, anclaje en el recurso tierra, modificación del mercado laboral, aumento de las vulnerabilidades sociales y afectación de los regímenes de propiedad (privada, comunal). El nuevo gobierno plantea, en forma encubierta, la modificación de la concepción y naturaleza del Estado. El modelo de desarrollo que se promueve requiere de un Estado y sus referentes gubernamentales que garanticen los asideros sociales, de economía abierta, de control cultural y políticos para el mantenimiento, sostenibilidad y reacomodo del modelo (capacidad de adaptarse a los cambios y a las tensiones generadas en el ámbito nacional). Esas transformaciones se han acentuado en el primer año de gobierno, cuya fundamentación recae en las nuevas legalidades, las reformas institucionales, la generación de alianzas público-privadas, la focalización de los cuestionamientos como disfuncionalidades, la promoción de los acuerdos comerciales y el control de los procesos locales, como principales determinantes.

Como fórmulas contrarias, nuevas lógicas de resistencia se gestan desde los ámbitos comunitarios, dando lugar a incipientes procesos de surgimiento de nuevos sujetos sociales y políticos. La resistencia, sobrevivencia e incidencia desde lo local, comienza a generar conocimientos y estrategias políticocomunitarias que emergen con relativa consistencia, pero que aún no alcanzan para promover nuevas formas de representación política.

### 1.5 Reformas fiscales

Luego de conocer los resultados electorales, en noviembre del 2011, Otto Pérez Molina, por medio de Pavel Centeno quien operaría como Ministro de Finanzas Públicas, dio inicio a impulsar lo que sería la agenda fiscal del nuevo gobierno. Entre varios puntos en esta agenda, destacaba el impulso de una reforma tributaria basada en el pacto fiscal.

Un aspecto que favoreció la negociación entre el Comité Coordinador de Asociaciones Comerciales, Industriales y Financieras CACIF y el nuevo gobierno para aprobar la reforma y no fuera bloqueada como ocurrió en el gobierno anterior; fue que el gobierno de Pérez Molina cediera en debilitar la propuesta original del Grupo Promotor del Diálogo Fiscal GPDF en algunos puntos. Según el Ejecutivo, esos puntos no distorsionaban excesivamente el contenido de la reforma. Sin embargo, actores especializados en el tema, sostienen que las reformas no producirán resultados de incremento de ingresos tributarios en los próximos dos años. Se confirma que el desafío existente respecto a este tipo de reformas obedece a cuestiones puramente políticas. La aprobación de la propuesta a una reforma tributaria que había sido bloqueada durante 4 años, fue aprobada en tiempo record en 2012. Aprovechando la correlación favorable en el Congreso, el 15 de febrero fue aprobada con el voto favorable de 110 diputados (de un total de 158), la Ley de Actualización Tributaria[40]. La aprobación se llevó a cabo después que las bancadas aliadas al partido oficial, Partido Patriota (PP) consensuaran y modificaran el contenido del proyecto propuesto por el Ejecutivo.

El objetivo de la Ley consiste en aumentar la recaudación fiscal, para oxigenar las finanzas del actual gobierno, en particular. Se prevé un incremento de la recaudación por aproximadamente cuatro mil quinientos millones de Quetzales; cifra considerada inviable para sectores especializados y de sociedad civil. Las últimas semanas del año se caracterizaron por el inicio de una serie de reacciones adversas a las reformas, respaldadas por sectores económicos que en principio apoyaron la ley. Se sumaron otras expresiones, interponiendo recursos de inconstitucionalidad y otras medidas de presión para que el Ejecutivo de marcha atrás, o al menos, reforme los artículos controversiales.

A lo largo de 2012, las autoridades del Ministerio de Finanzas Públicas y de la Superintendencia de Administración Tributaria SAT se dieron a la tarea de generar mecanismos para la puesta en marcha de las reformas a partir de enero 2013. Sin embargo, durante el segundo semestre se generaron fricciones entre los responsables de ambas dependencias, desavenencias que se hicieron públicas.

[40] Congreso de la República, Decreto 10-2012. Febrero, 2012.

Ese desgaste, donde el Presidente de la República no intervino para su adecuado abordaje interno, devino en la renuncia del titular de la SAT en marzo 2013.

A pesar del estancamiento de la agenda legislativa, las alianzas partidarias generadas por el partido oficial, lograron que el 23 de ese mes se aprobara, de urgencia nacional, el Presupuesto General de Ingresos y Egresos para 2013[41], por sesenta y seis mil novecientos ochenta y cinco mil millones de Quetzales (Q. 66 mil 985.4 millones), que supera en 7 mil 430.1 millones el presupuesto actual (59 mil 547.3 millones).

### 1.6 Transparencia

Según datos de Transparencia Internacional, en Guatemala para el 2010 se da un retroceso en el índice de corrupción de 7 posiciones en el ranking mundial, disminuyendo la evaluación en 0.2 puntos. Esta situación empeora en 2011, con el retroceso más grande que ha tenido el país en la historia, con un descenso de 29 posiciones y –0.5 puntos en la evaluación. Estos datos muestran la razón de las fuertes críticas del Presidente Otto Pérez Molina hacia el gobierno anterior, en cuanto a la poca transparencia de esa gestión.

En marzo del 2012, luego de aprobada la Ley de Actualización Tributaria, se presentó un paquete de 11 leyes de transparencia, la cual implica la aprobación de 3 nuevas leyes: ley de Regulación de Fideicomisos Públicos, ley Contra el Enriquecimiento Ilícito y ley del Sistema de Planificación y Evaluación de la Gestión Pública. Asimismo, conlleva la reforma de las siguientes leyes: Ley del Organismo Ejecutivo, Ley Orgánica del Presupuesto, Ley del Servicio Civil, Ley de Contrataciones del Estado, Ley de la Contraloría General de Cuentas (CGC) y Ley del Instituto Nacional de Estadística (INE). Sn embargo, hasta el momento el tema sigue siendo impopular en el Congreso y sigue en espera de su aprobación.

La iniciativa de Ley contra el Enriquecimiento Ilícito, fue fuertemente bloqueada durante más de seis meses por el oficialismo. Sin embargo y favorecida por múltiples expresiones de presión de sociedad civil, fue aprobada entrando en vigencia el 30 de noviembre. La ley incorpora al Código Penal los delitos de corrupción en oficinas públicas, cobro de comisiones, tráfico de influencias, nombramientos ilegales, cohecho pasivo y activo, además de tipificar las actividades de testaferrato.

Uno de los sucesos que ha golpeado al gobierno de Otto Pérez Molina, fue el relacionado con la Empresa Portuaria Quetzal. El Gobierno cedió en usufructo terrenos de esa entidad a una recién creada empresa privada. A pesar de las pruebas que indicaban la opacidad en la negociación, el Ejecutivo defendió el

[41] Congreso de la República, Decreto 30-2012. Ley del Presupuesto General de Ingresos y Egresos para el 2013. Octubre, 2012.

negocio, el cual sigue en pie. Expertos jurídicos aseguran que lo actuado es ilegal y que todo apunta a que se trata de una concesión que violó los preceptos de ley.

Durante el 2012, el Fondo Nacional para la Paz FONAPAZ fue una de las instituciones que fue ampliamente señalada de actos de corrupción. Medios de comunicación informaron sobre la sobrevaloración de compras, las negociaciones y contratos espurios, el reparto de programas con fines clientelares, entre otros desmanes. Sorpresivamente el Presidente de la República anunció su cierre, pero posteriormente ha cedido a presiones para crear un nuevo fideicomiso que se haga cargo de los programas en curso, generando dudas sobre la contundencia y sentido de la decisión inicial.

En febrero fue creada la Secretaría de Control y Transparencia, la cual debía atender instrucciones de la Vicepresidencia de la República para el control y la transparencia, la implementación del Gobierno Electrónico y garantizar el acceso a la información pública. Sin embargo 9 meses después, la Corte de Constitucionalidad suspendió la vigencia del Acuerdo Gubernativo 37-2012, dando lugar a un recurso de inconstitucionalidad presentado por la bancada Libertad Democrática Renovada (LIDER), justificando que esta instancia carece de base legal, y que para su creación era necesario que el Congreso modificara la Ley del Organismo Ejecutivo, y no solamente a través de un acuerdo gobernativo.

## 1.7 Coyuntura subregional e internacional

La propuesta que dominó el escenario internacional fue la sorpresiva propuesta del Presidente de la República para la despenalización de las drogas, lo cual reduciría los índices de violencia que afectan a Centroamérica, relacionados en gran parte con el narcotráfico y otros delitos conexos. La propuesta, si bien no abordada en su propuesta electoral, consiste en abrir el diálogo internacional sobre la despenalización de la producción, transporte, comercio y consumo de las drogas, como opción "viable" para derrotar al narcotráfico. El Presidente manifestó, durante el mes de febrero cuando se lanzó la iniciativa, que después de 25 años de las estrategias de lucha contra el narcotráfico, es importante abrir un debate para encontrarle una forma mucha más efectiva" a ese flagelo. En principio, la propuesta no encontró eco en los países de la región (con excepción de Costa Rica y Panamá); ese factor solo sirvió para que el gobierno continuara con su labor de difusión y búsqueda de apoyo en otras regiones.

Estados Unidos ratificó tempranamente su oposición a la iniciativa. La Secretaria de Seguridad Nacional, Janet Napolitano, manifestó que su país "no considera viable el tema de la despenalización" de las drogas, porque "no es la mejor manera de combatir el narcotráfico". Consideró que "hay mejores maneras de abordar el problema del narcotráfico", como la "reducción de las adicciones", así como en mejorar las capacidades de interceptación de los cargamentos de drogas trasegados por los carteles de narcotraficantes en la región y en "mejorar las capacidades para impedir la producción y distribución de las drogas".

La propuesta fue tomando forma a partir de las presentaciones realizadas en foros de Presidentes Centroamericanos, diálogos y experiencias de otros países latinoamericanos y espacios de discusión multilaterales[42]. En junio, la propuesta pasó a denominarse "Nuevas Rutas Contra las Drogas para combatir al narcotráfico, una posible despenalización de las drogas en los países centroamericanos". Contiene cuatro ejes principales: a) Endurecimiento en la lucha para la incautación de drogas. El producto que sea incautado deberá ser compensado por los países consumidores, con los recursos generados distribuir el 50 por ciento para combate al crimen organizado y al narcotráfico, un 25 por ciento en programas para concientizar a la población sobre los daños que genera el consumo de las drogas y otro 25 por ciento en programas de rehabilitación para los adictos; b) Creación de una Corte Penal con jurisdicción regional temporal, que deberá velar únicamente por temas de narcotráfico, tráfico de armas, lavado de dinero y trata de personas, con responsabilidad compartida y diferenciada; c) Despenalización del tránsito de drogas, posición que más ha preocupado a los Estados Unidos, debido al alto consumo de drogas en ese país. La propuesta buscar definir y crear un corredor de tránsito con propósito único, con controles fronterizos para el debido registro del tránsito de la droga y la creación de una agencia regional para control y el manejo de estupefacientes; d) Buscar otras vías de despenalización. Reportes oficiales indican que el trasiego de cocaína en el corredor regional genera anualmente más de trece mil trescientos veinte millones de dólares.

### 1.8 Coyuntura política

La suscripción de los Acuerdos de Paz en 1996, anunció la posibilidad de un quiebre en la historia del país y abrió las puertas a la transformación de las instituciones del Estado para que las mismas expresaran y reflejarán las complejas diferencias étnicas, culturales y lingüísticas. Los obstáculos para el cumplimiento de los compromisos mencionados están relacionados con las limitaciones del sistema político guatemalteco, en términos de lograr una efectiva representación de los pueblos indígenas; la heterogeneidad de las organizaciones y corrientes políticas dentro de la población indígena; los problemas que en términos de participación política arrastra la sociedad guatemalteca en su conjunto; y desde una perspectiva de larga duración, el racismo y las lógicas de exclusión.

No obstante, el país ha mejorado en los niveles de participación política, pero todavía existen obstáculos para que ésta sea plena y logre integrar a la población que tradicionalmente ha sido excluida. Eso implica asegurar que el sistema y los

[42] Gobierno de la República. Propuestas para la creación de un fondo común para el combate de drogas; que EE.UU. pague la mitad de la incautación de las drogas, la creación de una Corte Penal Regional y despenalización. Marzo, 2012.

procesos políticos permitan que la voz de esa población sea escuchada y tengan incidencia real para la elaboración de políticas públicas y la toma de decisiones.

Durante el año 2012 se observaron altos índices de conflictividad, producto del desequilibrio en el relacionamiento entre grupos sociales, el Estado y sus representantes; así como por un sistema político debilitado. Los proyectos de explotación de recursos naturales (hidroeléctricas, minería y las propuestas para incrementar la explotación de hidrocarburos), así como las demandas de organizaciones indígenas y campesinas para lograr la aprobación de la Iniciativa de ley 4084, Ley del sistema de desarrollo rural integral, fueron los principales detonantes; a los que se sumó el rechazo de diversos sectores a las reformas a la carrera del magisterio (provenientes de estudiantes de las escuelas normales, docentes, padres de familia; a las que se sumaron organizaciones indígenas, campesinas, gremios de colegios privados).

La amplia gama de promesas electorales han comenzado a pasar factura. El primer año de gobierno finalizó con las diversas expresiones de cuestionamiento, ya que siguen sin resolverse las amplias expectativas de la población. Por ejemplo, en materia de explotación de recursos naturales, la gobernabilidad, tanto a escala nacional como local, está en alto riesgo ante el aumento de la intensidad de las tensiones.

El año 2012 finalizó bajo una frágil gobernabilidad. A los factores expuestos se suman otros. Los gobiernos municipales, nuevos actores de la joven democracia, con complacientes y refuerzan las lógicas de exclusión. El gobierno central continua recurriendo a las estrategias de control político municipal por la vía de la compra de voluntades, la facilitación de proyectos y financiamientos, la intermediación política y financiera para aumentar sus apoyos a nivel territorial. Los alcaldes suelen ser actores importantes de estos conflictos, recibiendo presiones del gobierno central, del partido político al que pertenecen, de las empresas, de la oposición local y de su propio electorado. En ese juego de presiones, terminan cediendo al peso de los poderes económico y político tradicionales, que en diversas ocasiones combinan con los factores de poder emergentes, cuyos capitales proceden de las redes criminales y/o de los negocios con el Estado.

## 2. Cambios institucionales y constitucionales

En el marco de la promoción del desarrollo rural integral en Guatemala, a partir de la propuesta elaborada por las Universidades San Carlos de Guatemala y Rafael Landívar, orientada a replantear el proceso de discusión del desarrollo rural y buscar opciones para la viabilidad del proceso, presentada a los dos candidatos finalistas a la Presidencia de la República, encontró aceptación del candidato Otto Pérez Molina. El Presidente electo incorporó el documento como fundamento para la creación de la Comisión Presidencial de Desarrollo Rural y para el Plan de Activación y Adecuación de la Política Nacional de Desarrollo Rural Integral

(Acuerdo Gubernativo 196-2009). Posteriormente, tomó fuerza la discusión de la iniciativa 4084, Ley del Sistema de Desarrollo Rural Integral. Las organizaciones campesinas llevaron a cabo manifestaciones y otras acciones para presionar su pronta aprobación. Las cámaras empresariales reaccionaron en contra, generando un escenario de inviabilidad. Durante la primera semana de diciembre se tuvo la última oportunidad para su aprobación; incluso el Presidente de la República solicitó públicamente a su bancada apoyo al proyecto. Sin embargo, el resultado fue negativo. Las condiciones para 2013 son más complejas para retomar la discusión, ya que la comisión presidencial fue eliminada; con lo cual no existe una instancia que promueva su retorno a la agenda política.

A inicio de 2011, la Universidad de San Carlos (USAC), la Asociación de Investigación y Estudios Sociales (ASIES) y la Universidad Rafael Landívar, se presentó la propuesta de Reformas Constitucionales en materia de seguridad y justicia[43]. Su finalidad es fortalecer las instituciones responsables de brindar seguridad y administrar justicia: Organismo Judicial, Ministerio Público, Instituto de la Defensa Pública Penal y Policía Nacional Civil. En 2012, cuando se creía que la propuesta había perdido impulso, el Presidente Pérez Molina presentó sorpresivamente una iniciativa para impulsar reformas constitucionales (reformas a 56 reformas)[44]. Después de una etapa de discusión con instancias de sociedad civil, del ámbito empresarial, político y constitucional, se redujo el paquete de reformas (a 39 artículos), agrupándolas en siete ejes: sistema judicial, seguridad pública y ciudadana, democracia representativa, reconocimiento de la diversidad dentro de la unidad nacional, transparencia y rendición de cuentas, responsabilidad de funcionarios, asignación constitucional a las municipalidades, que se presentó al Congreso el 12 de agosto. La amplitud de temas, las dificultades para generar amplios consensos entre bancadas, así como la actitud del sector empresarial argumentando que buena parte de las reformas podían ser posibles mediante reformas a leyes ordinarias, crearon un ambiente negativo; que generó que el propio mandatario declinara en continuar impulsándolas.

Otro proceso impulsado en 2012, sin mayores resultados, fue la discusión para promover nuevas reformas a la Ley Electoral y de Partidos Políticos. El proceso inició en febrero con diversos espacios de diálogo entre la Comisión Específica de Asuntos Electorales del Congreso, Magistrados del Tribunal Supremo Electoral, sectores de sociedad civil, partidos políticos y entidades internacionales especializadas. Las discusiones giraron en torno al fortalecimiento de los partidos políticos, la generación de mecanismos para garantizar mayor representatividad política de sectores sub-representados, la necesidad de dotar de mayor capacidad sancionatoria al Tribunal Supremo Electoral y la readecuación de los plazos de los eventos electorales.

---

[43] Propuesta de Reforma Constitucional en Seguridad y Justicia, presentada por la Universidad de San Carlos de Guatemala, USAC, Universidad Rafael Landívar, URL, y la Asociación de Investigación y Estudios Sociales, ASIES. Abril de 2011.

[44] Presidencia de la República. Propuesta de Reformas Constitucionales. Agosto, 2012.

## 3. Poder Ejecutivo

El gabinete que tomó posesión a partir del 15 de enero, refleja una composición donde domina la poca experiencia en la administración pública, la existencia de varios grupos que responden a intereses diversos (no solo del partido oficial) y la tendencia a generar agendas ministeriales con poca planificación, atención a la coyuntura y propensión a la generación de negocios.

De acuerdo con el Programa de Opinión Pública POP, de la Universidad Rafael Landívar en el Informe de Evaluación del Primer Año de Gobierno, la calificación del trabajo realizado por los Ministros fue calificada como positiva en aspectos generales. Esa percepción varía a partir de enero 2013.

**Cuadro 12**
**Calificación del trabajo de los Ministros**

| Ministro y cartera | Muy malo | Malo | Bueno |
|---|---|---|---|
| Efraín Medina, Ministro de Agricultura (sustituido en enero 2013) | | X | |
| Alejandro Sinibaldi, Ministro de Comunicaciones | | | X |
| Carlos Batzín, Ministro de Cultura y Deportes | | | X |
| Ulises Noé Anzueto Girón, Ministro de Defensa Nacional | | | X |
| Sergio de la Torre, Ministro de Economía | | | X |
| Cynthia Del Águila, Ministra de Educación | | | X |
| Erick Archila Dehesa, Ministro de Energía y Minas | | X | |
| Pavel Centeno, Ministro de Finanzas Públicas | | | X |
| Mauricio López Bonilla, Ministro de Gobernación | | | X |
| Roxana Sobenes, Ministra de Medio Ambiente y Recursos Naturales | | X | |
| Carlos Contreras, Ministro de Trabajo y Prevención Social | | | X |
| Harold Caballeros, Ministro de Relaciones Exteriores (sustituido en enero 2013) | X | | |
| Jorge Villavicencio, Ministro de Salud Pública | | X | |
| Luz Lainfiesta, Ministra de Desarrollo Social | | | X |

**Fuente:** Elaboración propia del Programa de Opinión Pública –POP-, Universidad Rafael Landívar, 2012.

El Gabinete no tuvo cambios en el transcurso de 2012. A pesar que desde los primeros meses se observó cierta separación entre los Ministros cercanos a la figura presidencial, otros cercanos a la Vicepresidenta, algunos con cercanía al sector empresarial, el mandatario asumió un papel activo al estar cerca de casi todos los temas de mayor visibilidad en la agenda pública.

## 4. Organismo Legislativo

El Congreso de Guatemala es unicameral, integrado por 158 diputados electos para un período de cuatro años. La elección se lleva a cabo en el marco de las elecciones generales, que eligen al Presidente, Vicepresidente de la República y concejos de 334 municipios. A partir de la elección de 2003, ninguno de los partidos políticos ha dominado el Organismo Legislativo, debiendo establecer alianzas coyunturales con otras fuerzas políticas. Del total de escaños, 20 son ocupados por mujeres, que representan el 13 por ciento de los legisladores. Dos diputadas formaron parte de la Junta Directiva (de nueve miembros). Con un total de 11 diputadas, la Bancada Patriota es en la que participa el mayor número de mujeres.

El transfuguismo no es nuevo, pero se ha evidenciado con mayor fuerza en las últimas legislaturas. Solo en el primer año del Congreso más de un tercio del total de diputados cambiaron de partido o se declararon independientes (48, de 158)

Quince son los partidos políticos representados en el Congreso de la República, más un pequeño grupo de diputados que se han declarado independientes. Solamente 3 partidos minoritarios (Encuentro por Guatemala, WINAQ y URNG mantienen el mismo número de diputados que fueron electos en noviembre de 2011). La segunda fuerza más votada (Unidad Nacional de la Esperanza, que gobernó en el período 2007-2011), pasó de 37 diputados (enero 2012) a 7 en (enero 2013). El grupo parlamentario del partido LIDER ha sido el más beneficiado, pasando de 14 electos, a 36 (inicios de 2013). El partido oficial ha realizado alianzas tácticas con las bancadas de los partidos GANA, CREO, VIVA, y TODOS para aprobar iniciativas de interés del gobierno central. Con excepción de 4 bancadas minoritarias que se ubican como socialdemócratas o de tendencias asociadas a la Nueva Izquierda (UNE, WINAQ, EG y URNG), las restantes fuerzas políticas representan pensamiento conservador.

El papel de la oposición se resume a las acciones llevadas a cabo por la UNE y LIDER. Si bien, al principio de la legislatura se estimaba que la primera de ellas encabezaría la oposición, dado su desmembramiento acelerado capitalizado por LIDER, hizo que esta bancada sea la principal cuestionadora de las acciones del oficialismo. Las acciones de oposición se intensificaron en el segundo semestre de 2012, a través de acciones como romper el quórum, paralizar sesiones plenarias, alterar el orden del día, enfrentamientos directos entre diputados (agresiones físicas y verbales) y solicitud para llevar a cabo una serie de interpelaciones a Ministros. De acuerdo con la Ley Orgánica del Congreso, las interpelaciones son un derecho de los representantes que impiden que se aborden otros asuntos en las sesiones plenarias. Esos ejercicios no tienen límite de duración, por lo que paralizan las labores legislativas; lo cual sumado a las dificultades para lograr acuerdos interpartidarios, la carencia de agendas parlamentarias que superen la coyuntura y la dependencia que tiene el Legislativo respecto al Ejecutivo, crean un escenario de suma dificultad.

**Cuadro 13**
**Conformación del Congreso,**
**comparación enero 2012 y enero 2013**

| | Diputados electos | Diputados actuales |
|---|---|---|
| Patriota | 57 | 60 |
| Partido Libertad Democrática LIDER | 14 | 36 |
| Unidad Nacional de la Esperanza UNE | 36 | 7 |
| Unión del Cambio Nacional UCN | 14 | 3 |
| Compromiso, Renovación y Orden CREO | 12 | 8 |
| Gran Alianza Nacional GANA | 12 | 8 |
| PAN | 2 | 1 |
| Encuentro por Guatemala EG | 3 | 3 |
| WINAQ-AN | 1 | 1 |
| Frente Republicano Guatemalteco FRG, hoy PRI | 1 | 1 |
| Unidad Revolucionaria Nacional Guatemalteca URNG | 1 | 1 |
| Unionista | 1 | 3 |
| Victoria | 1 | 1 |
| VIVA | 3 | 2 |
| Todos | 0 | 17 |
| Independientes | 0 | 6 |

**Fuente:** elaboración propia, a partir de datos de la Dirección Legislativa del Congreso de la República.

El Congreso cuenta con 46 comisiones de trabajo. En la legislatura 2012-2013, 4 fueron ocupadas por mujeres y 5 por indígenas.

## 5. Creciente pérdida de autonomía

Se ha restado funcionalidad al Legislativo en el marco de la imposición de prioridades desde el Ejecutivo, que a su vez tiene dos referentes: i) la agenda presidencial y de su círculo de influencia, ii) los temas de interés de la Vicepresidencia, quien además es Secretaria General del partido Patriota. Esa supeditación quedó en evidencia en los dos momentos de mayor actividad legislativa, la primera, en sus inicios que permitió la aprobación de la ley que contiene reformas fiscales, la creación del Ministerio de Desarrollo Social[45] y el Protocolo de Roma, y el segundo, que permitió la rápida aprobación del presupuesto general de ingresos y egresos 2013, la nueva Junta Directiva que tomó posesión el 14 de enero de 2013, dos préstamos para las entidades

[45] Congreso de la República, Decreto No. 01-2012. Creación del Ministerio de Desarrollo Social, enero 2012.

consentidas de la Presidencia (Ministerio de la Defensa y Ministerio de Comunicaciones), entre otros temas de interés.

En el caso del Organismo Judicial OJ, los señalamientos de poca efectividad, dificultades para la coordinación con otros entes públicos y las denuncias en contra de operadores de justicia dominó la agenda en 2012. Se crearon juzgados que por primera ocasión conocerán de casos de femicidio y trata de personas. Se continúan los esfuerzos para aumentar la cobertura jurisdiccional en todo el territorio. Los delitos contra la vida, los casos asociados a la criminalidad (narcotráfico, pandillas, extorsiones, redes de trata), así como las denuncias por acciones de corrupción, llenan de expedientes a los operadores tanto del Organismo como del Ministerio Público. El OJ constantemente plantea el aumento de su presupuesto como condición básica para ser más eficiente. En 2012, en el marco de la propuesta presidencial de reformas constitucionales, el OJ manifestó su disposición en el sentido de reformar artículos específicos que procuren mejorar su accionar judicial.

## 6. Sujeción y prácticas clientelares

La Constitución reconoce dos niveles de gobierno, el nacional y el local (municipal). El país cuenta con 334 municipios. A pesar de la existencia de la autonomía municipal, como forma de organización preceptuada por el Código Municipal, las autoridades locales han reforzado su dependencia del gobierno central. La debilidad en los mecanismos de diálogo político entre ambos niveles, contribuye a incrementar los programas clientelares como estrategias para la compra de voluntades, el debilitamiento de cualquier movimiento de oposición, el uso indiscriminado de la relación entre fondos públicos y contratos de obra física como mecanismo de control político, que además, ha producido la irrupción de un sector económico fincado a nivel local, cuya riqueza es posible a costa de los recursos públicos. Ese sector emergente, también representa un actor político en aumento; en la medida en que no solo apelan a controlar negocios, sino también las alcaldías municipales y las delegaciones de las dependencias del gobierno central que tienen mayor presencia territorial y recursos.

## El caso Ríos Mont, al inicio signos alentadores

Por primera ocasión en nuestra amarga, compleja y controversial historia política, víctimas del conflicto son escuchadas en el juicio contra el General Efraín Ríos Mont, acusado de genocidio en el período que presidió como Jefe de Estado (1982-83), en el pleno conflicto armado interno.

Uno a uno los testigos pasan al estrado, describen lo que vieron, sintieron y aún les condiciona sus vidas. Por el otro, familiares de exmilitares manifiestan públicamente, y solicitan que la justicia juegue de su lado apelando a los mecanismos institucionales. Dos imágenes inéditas. Ambos con similares reclamos. Los primeros, han venido reclamando lo mismo por décadas, incluso centurias. Los otros, demandan por la vigencia de instrumentos que siempre violentaron (estado de derecho, juicio justo, ser escuchados, derecho de defensa). Se trata de dos luchas, aparentemente entrecruzadas, que ahora tienen objetivos distintos. Las víctimas logran su objetivo al exponer las crueldades a las que fueron sometidos. Para ellos todo lo demás es ganancia, o quizás está por fuera. Lo que interesa es el proceso. Ambas imágenes son positivas para nuestra sociedad, signos de esperanza y expresiones de ciudadanía.

Que se hayan desbaratado, desde el primer debate, las tácticas de la defensa llevadas al descaro y a la prepotencia, también es otro signo alentador. Que esas manifestaciones de cinismo sean llevados al plano mediático, es positivo, para que se expongan o incluso desfilen ante nuestros ojos los actores que participan de los aquelarres. Significa que las cosas en materia de administración de justicia pueden ser distintas; las instituciones pueden soportar embates, aunque ese capítulo no se ha librado del todo. Recusaciones por doquier, al igual que posibles acciones de amparo a la hora de la resolución final.

Personas y organizaciones cercanas a ambas posiciones aseguran que esa decisión ya está elaborada. Lo único que está pendiente es si será por genocidio o por delitos de lesa humanidad. Esos supuestos no le ayudan en nada a la certidumbre del proceso. Regar dudas implica restar margen de maniobra a la justicia. Ambas opciones tienen un doble mensaje. Para los puristas, los que apelan al qué dirán, cualquiera de ellas es negativa. Guatemala aparecería como país genocida, que restaría margen a las posibilidades de desarrollo, se comprometería el futuro. Eso sería un golpe fuerte, sin duda alguna. Por el contrario, otros estiman que el juzgamiento implica una real posibilidad para pensar en un futuro distinto como sociedad. Dos escenarios, ambos delicados, ambos polarizantes en el corto plazo, ambos dialécticos. En la medida en que no se prepare el terreno de las consecuencias, se privilegia los imaginarios negativos.

A la vuelta de la Semana Santa se espera el incremento de las acciones de obstrucción para contrarrestar la funcionalidad de la justicia. Ojalá tuviésemos un escenario donde las acusaciones fueran rebatidas con argumentos, y con los artilugios saboteadores. Será esencial pasar del estado actual, que se resume en asombro e incertidumbre, al plano de las certezas. El proceso es una apuesta por la democracia, siempre que se le deje desarrollar.

## Segunda parte del caso, una decisión política se impone

Por si alguna duda cabía sobre la independencia de las cortes, la Corte de Constitucionalidad (CC) juega un papel eficiente de operadores políticos de sectores, que ante la acumulación de riesgos y miedos que genera el caso Ríos Mont decidieron cerrar filas, tal como ocurrió durante el conflicto armado. Es mucho lo que está en juego, y más cuando en un momento inesperado el nombre del primer mandatario es mencionado. Ese foco alertó y movilizó ante la inminencia que los temores adquirían nombres y apellidos. Era posible admitir los desmanes, los errores, siempre que los pesos pesados no entraran en escena.

Como ocurrió décadas atrás, los grupos de poder se han unificado. No son solo los sectores tradicionales, sino además los emergentes que se suman a quienes tienen mucho que perder con el enjuiciamiento y mucho que ganar si del asunto salen indemnes. Los viejos y los nuevos se reúnen en un conciliábulo urgente y decisivo. Antes, frente a las amenazas, las tensiones, las disfuncionalidades, ocurría más o menos lo mismo pero había una institución armada que se encargaba de crear las condiciones, socavar las amenazas, tener presencia territorial disciplinada en torno a un proyecto político sostenible en tiempo y espacio. Ahora, el panorama se ha modificado; ese último factor está venido a menos y carece de proyecto propio, lo que implica que deben salir, aunque sea debajo de las piedras, nuevos instrumentos que hagan las veces de pilares que salgan a la defensa de un orden establecido que ante las amenazas se reacomodan, mutan, se transfiguran para crear el eco necesario. Se expresa la lógica del pulpo: varios instrumentos que actúan bajo un solo cuerpo.

La judicialización de la política es una de las fórmulas tradicionales que ratifica la utilización de las instituciones para tapar agujeros, o para generar ruidos. Antes se encubrían esas acciones, ahora se explicitan, se hacen más evidentes por la vía de un sinfín de artilugios que en medio de lo confuso de las resoluciones, esconden el sentido profundo de lo quieren lograr: proteger, salir al paso, evitar los desbordes. La decisión de CC no aclara y menos empuja en favor de la lucha contra la impunidad. Todo lo contrario. El caso forzó al sistema a un extremo inconcebible e inaceptable. La amenaza terminó poniendo en riesgo la totalidad. Qué se puede hacer sin los guardianes de siempre?

Las resoluciones de la CC son estrategias de control político, producto de la rearticulación de viejas alianzas, que dejan sus diferencias cuando la lógica de dominación presenta cierta erosión. Las consecuencias están por verse, pero van desde el endurecimiento de quienes se sientan ganadores y/o perdedores por lo resuelto, a la reafirmación del poder presidencial que ha podido rearticular aliados en momentos donde urgían factores oxigenadores y estabilizadores como indicadores de su margen de maniobra. Ello constata que esos aliados no saben maniobrar por aguas democráticas y regresan a los pantanos.

## 7. Hacia donde se orienta la dinámica política? A manera de síntesis y conclusiones

Guatemala se debate entre tres factores claves: 1) recambio en los factores de poder económico. De la oligarquía tradicional que hegemonizó la estructura económica productiva, se ha pasado a la coexistencia entre el capital tradicional, el emergente lícito, el emergente ilícito y quienes se han enriquecido a través de expoliar los recursos públicos. Estos tres últimos se fortalecen a costa del recorte de los márgenes de maniobra del tradicional, principales impulsores de los proyectos de explotación de recursos naturales. Las dificultades a las que se enfrentan ese tipo de actividades productivas, se entiende, en parte, por el peso, capacidad de articulación territorial y mayor dinámica de las otras expresiones del capital. Sin embargo, no se trata de la modificación del modelo de desarrollo o la emergencia de nuevos actores políticos; 2) el agotamiento de los partidos políticos, como principales canales de intermediación política, ha generado un escenario de enfrentamiento directo entre los actores económicos y quienes se oponen a los proyectos estratégicos. Las instituciones están sobrepasadas en sus capacidades de articulación e impulsoras de procesos de diálogo. Ese factor, sumada a la insuficiente capacidad del gobierno para traducir las demandas del complejo social; 3) la única posibilidad de interrelación entre los capitales en pugna, es el objetivo de repartir los recursos del Estado para reproducir el sistema. Ese vínculo termina siendo el "factor de oportunidad" para impulsar la viabilidad de los proyectos. Este marco coloca en cuestión los dos criterios planteados por Karl Deutsch[46] para analizar la estructura de los estados: alcance (variedad de actividades humanas que trata de controlar) y dominio (territorio y población controlados). La capacidad de control del Estado se ha debilitado, espacio que es aprovechado por poderes fácticos para poner más en riesgo la precaria gobernabilidad.

Una de las expresiones de esa lógica de sustitución de capacidades del Estado, radica en la mutación que ocurre en el sistema de partidos. Más que debilitamiento del sistema, lo que se observa es la pérdida acelerada de la relación pesos-contrapesos en el Organismo Legislativo y el incremento de las dependencias de los partidos allí representados, de sectores privados que operan y se enriquecen con los fondos públicos. Contrario a la concepción del estado de derecho en sociedades exitosas, donde los partidos contribuyen a su estabilidad, intermediación política, predisposición al debate y empoderamiento de la sociedad, los partidos guatemaltecos son factores de desconfianza, desarrollan sistemas paralelos que compiten con la autoridad del Estado, permiten el debilitamiento de las finanzas públicas y se sienten superiores a la ley.[47] La deserción (transfuguismo) es solo una de las tácticas utilizadas por los legisladores para trazar rutas que permitan mantener a flote la prevalencia del clientelismo y corporativismo acelerado.

46 Karl Deutsch. Política y gobierno. (México, Fondo de Cultura Económica, 1976).

47 Asociación de Investigación y Estudios Sociales ASIES. Guatemala no es un Estado fallido. Guatemala, 2010.

Desde 2009 se discute con frecuencia que Guatemala está catalogado como un Estado fallido, o a punto de serlo. De las diez funciones fundamentales para evaluar esa condición, sugeridas por Ashraf Ghani[48], el peso de la discusión se centra en dos: Estado de Derecho y monopolio del uso de la fuerza. En el primer caso, a pesar que el desempeño de los indicadores en materia de estado de derecho, deslegitimización del Estado y violación de derechos humanos, es menor al promedio latinoamericano, ha habido mejoras considerables de 2010 al momento actual. En el segundo caso, el país muestra mejora a lo largo del tiempo especialmente en los indicadores de estabilidad política y ausencia de violencia, intensidad del conflicto, incidencia de golpes de Estado, refugiados, y aparatos de seguridad. La mejora en los indicadores de incidencia de la criminalidad, reflejados de 2009 a 2012 ayudan en esa materia. Las redes criminales no controlan la totalidad del territorio; las luchas entre carteles y grupos de narcotraficantes están focalizadas en áreas fronterizas. La captura y extradición de narcos locales solicitados por la justicia de Estados Unidos, es otro dato positivo; así como la continuidad de los programas de decomiso de drogas.

Los escenarios de la conflictividad han aumentado en número y diversidad de fundamentos. La presencia de movilizaciones contra proyectos extractivos e hidroeléctricos, impulsadas especialmente por comunidades indígenas, se enmarca en un proceso de conflictividad social donde el actor indígena quiere ser protagonista como actor político que no ha saltado a la palestra a consecuencia de un sistema político excluyente. El Estado guatemalteco no ha logrado construir las condiciones mínimas para que el liderazgo político pueda discernir y responder a los nuevos patrones de demanda, que combina demandas sociales, mayores espacios políticos con cuestionamiento crecientes del modelo de desarrollo basado en commodities, su carácter extractivo y los cambios que genera en las dinámicas del territorio.

La legitimidad de esas demandas de organizaciones comunitarias ha quedado en segundo término. En principio, la razón inicial de las oposiciones, es elevar los grados de tensión hasta donde sea posible, para aprovechar las debilidades de las instituciones de gobierno y generar un estado permanente de ingobernabilidad. Las acciones de rechazo y descalificación, si no están acompañadas de proyecto político, solo generan que sus planteamientos adquieran mayor resonancia.

Las necesidades y oportunidades de desarrollo se han invisibilizado cuando hacen su aparecimiento intereses de terceros. Es importante crear mecanismos de diálogo directos, para que las demandas y realidades legítimas de las comunidades no se presten a malos manejos. Los discursos de fácil consumo, acompañados de recursos externos para azuzar han aumentado en los últimos 3 años, creando mayores incentivos para el aumento de las tensiones, para unificar

[48] Ashraf Ghani and Clare Lockhart. Fixing failed states: a framework for rebuilding a fractured world. Oxford University Press. 2008.

y fortalecer las resistencias a los proyectos relacionados con recursos naturales. Resulta clave desactivar los focos de ingobernabilidad.

En la medida que la presencia del Estado y sus instituciones a nivel territorial sea escasa, que predominen las condiciones de pobreza y extrema pobreza, que el flujo de recursos financieros sea sostenible para promover movilizaciones y planteamientos de fácil consumo y se mantenga la percepción adversa (nacional e internacional) sobre el país, las condiciones para las inversiones privadas en recursos naturales seguirá siendo difíciles.

La sensación de desgobierno avanza a grandes pasos. A pesar que el morbo parece imponerse sobre lo importante, las noticias de los últimos días son una vergüenza como sociedad y nos pone en la perspectiva de comunidades primitivas. Como ciudadanos no contribuimos a mejoras de fondo, cuando interesan más los actos asqueantes del expresidente de la junta directiva del seguro social por encima de la investigación a profundidad del "El Periódico" donde se devela, con informaciones cuidadosamente entresacadas, la corruptela que rodea a los máximos dirigentes políticos. Es posible que en sociedades con mayor avance político, ambas noticias no solo fueran escándalos, sino denuncias penales que llevadas a sus últimas consecuencias, dieran como resultados remociones, movimientos de fondo en el partido oficial e incluso ganancia política para el gobernante que en lugar de encubrir, fuera el primero en sacar el pecho, asumir y cuestionar los lamentables hechos de sus cercanos.

Resulta evidente que el gobierno actual ha entrado en caída libre; sus detractores sacan raja para encajonar a sus principales eslabones. Aprovechar la infinidad de metidas de pata, que incluye la comisión de delitos como enriquecimiento ilícito, tráfico de influencias y otros que hace poco se desechaban como propios de los gobiernos de delincuentes, hasta actos que riñen con la moral, son cotidianidades que sumen en un realismo político donde lo descabellado, el irrespeto, lo absurdo y la mediocridad han sido rebasados por los hechos incuestionados.

Algunas preguntas comienzan a lanzarse. A qué obedece tanto error acumulado de quienes gobiernan? Es tanta su desfachatez y prepotencia para llegar a los extremos demostrados en incontables páginas de medios? Los hombres y mujeres que gobiernan se sienten tan a sus anchas, protegidos por diversos escuadrones que se sienten pero no se ven?

Presenciamos una imagen tambaleante que se incrementará cuando se sumen otros ingredientes. Los sucesos de los últimos días se han fraguado al interior, qué pasará cuando se reaviven los conflictos exógenos? Una gran paradoja: el gobierno que mayor imagen de control planteo en época electoral y al inicio de su gestión, ahora enfrenta creciente desgaste a partir de la pérdida del mismo factor (control político). En la ciudadanía priva la sensación de falta de autoridad; los gobiernos imponen mucho, pero mandan poco, los gobernantes carecen de autoridad. No son convincentes en sus palabras, ni fiables en sus acciones. Falta de autoridad y confusión de responsabilidades resultan en sensación de desgobierno. La sociedad no perdona la complicidad de la impostura que se está gestando. El deterioro en marcha se pudo evitar si no fuera por la codicia de unos y la incompetencia de otros.

Con el denominado juicio del siglo contra Ríos Mont, Guatemala enfrenta una crisis político-institucional de altas proporciones. La resolución de la Corte de Constitucionalidad es el último de los indicadores que evidencia la acumulación de altos niveles de erosión. Su contenido expresa confusiones y una salida a medias que intenta quedar bien con varios sectores. Esa escena revela que los pilares tradicionales se desboronan. El sistema de justicia, rebosante de impunidad, está dirigido a proteger a los poderosos, aquellos que tienen los recursos habidos y por haber para movilizar aliados y salir airosos. Qué eficientes pueden ser las instituciones cuando se aprieta la tecla sensible. Cuando se ha dicho que el juicio es paradigmático, se asocia a que deja rastro y va disparando una serie de flipones que amenazan la totalidad del circuito.

Las instituciones han perdido el sentido del bien común, su credibilidad está en trapos de cucaracha. En lugar de generar certeza, revelan dudas y resquemores. Los tres poderes han socavando sus bases, sus agendas se crean y fortalecen desde fuera. Ocurre un rápido desplazamiento de los actores tradicionales, por otros que ganan terreno y pasan de una ocupación momentánea, a una permanente. Eso es lo que el neo institucionalismo denomina la influencia creciente en las relaciones, conductas, comportamiento, estabilidad e inestabilidad de los gobiernos, existencia y reproducción del sistema social. Las instituciones y sus estructuras, sus reglas, procedimientos, organizaciones y diferentes componentes que forman el sistema político, obedecen a externalidades. Esas organizaciones son, al mismo tiempo, objeto de intervenciones y cajas de resonancia para ampliar el control social. Determinan e inciden en la articulación de las actividades de las personas y de la sociedad en su conjunto.

El sistema de justicia, el Congreso, las instituciones del Ejecutivo han perdido su capacidad de imponer forma y coherencia social a la actividad humana mediante la producción y reproducción de hábitos de pensamiento y acción. Han dejado de plantear las reglas del juego, para responder a las reglas que les son impuestas desde fuera; no incentivan normas y roles como procesos socialmente construidos; han perdido su capacidad de mediación efectiva para plantear reglas del juego para constreñir y encauzar a los actores. Por el contrario, sus decisiones son cuestionadas y fomentan tensiones; su capacidad para modelar incentivos y sanciones está venida a menos. No restringen las estrategias que los actores políticos adoptan en la lucha por alcanzar sus objetivos y terminan estando sujetas a ellas.

Las instituciones, en lugar de minimizar los costos, los aumentan hasta convertirse en impagables. Intermediación inefectiva, altos niveles de opacidad, excesos de oportunismo, cooptaciones y subordinación a los intereses de poderes fácticos, son algunas de las características de esa crisis que ahora se siente con mayor crudeza.

Si estamos o no ante una crisis política, dependerá del manejo que hagan los implicados, de la presión social y legal que se realice para mantener vigentes los asuntos legítimos y de mayor importancia social, del aparecimiento real o artificial de nuevos sucesos, o si a pesar de la situación se logra retomar el mando.

## Referencias

Ashraf Ghani and Clare Lockhart. 2008. *Fixing failed states: a framework for rebuilding a fractured world.* Oxford University Press.
Asociación de Investigación y Estudios Sociales ASIES. 2010. *Guatemala no es un Estado fallido.* Guatemala.
Asociación de Investigación y Estudios Sociales ASIES. Iniciativa Think Tank. Monografía: los Partidos Políticos Guatemaltecos en el proceso electoral. Julio, 2011. Guatemala.
Asociación de Investigación y Estudios Sociales ASIES. Proceso electoral 2011, información y datos básicos. Septiembre 2011. Guatemala
Asociación de Investigación y Estudios Sociales ASIES. 2012. *Monografía de partidos políticos de Guatemala, 2012.* Iniciativa Think Tank. Fundación Konrad Adenauer. Centro de Impresiones Gráficas –CIMGRA.
Banco de Guatemala. Informe de indicadores macroeconómicos 2010. Enero 2011. Guatemala.
Banco de Guatemala. Informe de indicadores macroeconómicos 2011. Enero 2011. Guatemala.
Banco Interamericano de Desarrollo. Crimen y Violencia en Centro América, un Desafío para el Desarrollo, 2011. Estados Unidos.
Banco Mundial. Perfil de datos Guatemala (en lìnea) www.bancomundial.org
Central American Business Inteligence. Análisis de criminalidad. Publicado en Plaza Pública. 2011. Guatemala.
Comisión de Jefes de Policía de Centroamérica y el Caribe. Informe sobre el Estado de la Seguridad Ciudadana en la región. 2011.
Comisión Interamericana de Derechos Humanos. Informe de medidas cautelares. Mayo 2010. Costa Rica.
Congreso de la República, 2012. *Decreto No. 01-2012. Creación del Ministerio de Desarrollo Social.*
Congreso de la República. 2012. *Decreto No. 03-2012. Ratificación del Estatuto de Roma (1998) para adherirse a la Corte Penal Internacional.*
Congreso de la República. 2012. *Decreto No. 10-2012. Ley de Actualización Tributaria.*
Congreso de la República. 2012. *Decreto 30-2012. Ley de Presupuesto General de Ingresos y Egresos del Estado.*
Dinorah Azpuru. 2012. *Cultura política de la democracia en Guatemala y en las Américas, 2012. Hacia la igualdad de oportunidades.* Vanderbilt University. Asociación de Investigación y Estudios Sociales ASIES.
Gobierno de la República. 2012. *Propuestas para la creación de un fondo común para el combate de drogas; que EE.UU. pague la mitad de la incautación de las drogas, la creación de una Corte Penal Regional y despenalización.*
Instituto Nacional de Estadística INE. Encuesta nacional de condiciones de vida. ENCOVI. 2011. Guatemala.
Instituto Nacional de Estadística y Consejo Nacional de la Juventud. Encuesta Nacional de Juventud. Gobierno de Guatemala, 2011. Guatemala.
Karl Deutsch. 1976. *Política y gobierno.* (México, Fondo de Cultura Económica.
Mendoza, Carlos. 2012. Informe Homicidios en Guatemala. *Central American Business Intelligence* (CABI). 1-4.
Partido Patriota. 2011. *Agenda del Cambio. Plan de Gobierno 2012-2016.*
Ministerio de Educación. 2006 Iniciativa de Ley de Incentivos a la Carrera Docente.
Ministerio de Gobernación. 2012. Pacto por la Seguridad, Justicia y Paz. Gobierno de la República de Guatemala.

Naciones Unidas. Acuerdo entre la Organización de las Naciones Unidas y el Gobierno de Guatemala relativo al establecimiento de una Comisión Internacional contra la Impunidad en Guatemala (CICIG), diciembre de 2006. Estados Unidos.
Naciones Unidas, Informe de la Décimo séptima conferencia de las Naciones Unidas sobre cambio climático. 2011. Sudáfrica.
Oficina de las Naciones Unidas contra la Droga y el Delito UNODC. 2012. Informe 2012.
Presidencia de la República. 2012. Propuesta de Reformas Constitucionales.
Procuraduría de los Derechos Humanos. Informe sobre femicidios. Septiembre 2011. Guatemala.
Programa de Naciones Unidas para el Desarrollo (PNUD). Informe de Desarrollo Humano 2010. Guatemala. 2011
Programa de Naciones Unidas para el Desarrollo (PNUD). *Informe de Desarrollo Humano 2012* (en línea).http//:www.hdr.undp.org.
Programa de Opinión Pública POP. 2012. *Informe del Primer Año de Gobierno de Otto Pérez Molina*. Dirección de Incidencia Pública, Universidad Rafael Landívar.
Rosal, Renzo. 2012. *Presente y futuro de la minería en Guatemala, un debate en desarrollo.* Revista P@x. Universidad de Coimbra, Portugal.
Secretaría de Planificación y Programación de la Presidencia. 2012. *Pacto Hambre Cero: Retos para Guatemala.* Gobierno de la República de Guatemala.
Universidad San Carlos de Guatemala, Universidad Rafael Landívar. 2011. *Propuesta para abordar el Desarrollo Rural Integral de Guatemala*.
Secretaría de Planificación y Programación de la Presidencia, SEGEPLAN. 2011. Informe del Primer Año de Gobierno. Informe del Presidente al Congreso de la República. Guatemala.
Transparency International (Transparencia Internacional). Índice de Percepción de la Corrupción 2011.
Tribunal Supremo Electoral. Informe preliminar de las elecciones generales. Diciembre, 2011. Guatemala
Universidad Rafael Landívar. *Informe Final, proyecto de investigación Poder Local, Incidencia Política y Gobernabilidad en temas de Justicia ambiental, defensa del territorio y derechos de los pueblos indígenas en Guatemala*. Universidad Rafael Landívar. Dirección de Incidencia Pública, 2011.
Universidad Rafael Landívar. Observatorio de Ética y Justicia. 2012. *Responsabilidad disciplinaria de Jueces y Magistrados de Guatemala. Primer Informe*. Dirección de Incidencia Pública. 2012
Universidad Rafael Landívar. Observatorio de Ética y Justicia. 2012. *Responsabilidad disciplinaria de Jueces y Magistrados de Guatemala. Segundo Informe*. Dirección de Incidencia Pública. 2012
Universidad Rafael Landívar. Programa de Opinión Pública POP. Informes de la misión de observación electoral 2011. Guatemala.
USAC-URL-ASIES. Propuesta de Reforma Constitucional en Seguridad y Justicia, abril 2011. Guatemala.

# Anexo

## Datos electorales 2011

Resultado oficiales de las elecciones generales, primera vuelta electoral (11.09.2011).

Total de Empadronados: 7.340,841 empadronados.
Votos emitidos: 5.022,064
Participación: 68.4%
Abstencionismo: 31.6%
Votos válidos (restando nulos y blancos): 4.426,931
Votos nulos: 212,814
Votos en blancos: 382,379

## Palabras clave (key words):

| | |
|---|---|
| Democracia | Democracy |
| Criminalidad | Crime |
| Pobreza | Poverty |
| Estabilidad macroeconómica | Economic stability |
| Partidos políticos | Political parties |
| Impunidad | Impunity |
| Narcos | Narcos |
| Corrupción | Corruption |
| Elecciones | Elections |

Printed by Books on Demand GmbH, Norderstedt / Germany